Die Löwengeschichte

Bernhard Trenkle

Hypnotisch-metaphorische Kommunikation
und Selbsthypnosetraining

Zweite Auflage, 1998

Satz: Beate Ch. Ulrich/Paul Richardson
Umschlag: WSP Design, Heidelberg
Illustration: Mathias Weber
Printed in Germany 1998
Gesamtherstellung: Kösel Druck, Kempten

Reihe Systemische und hypnotherapeutische Praxis
Herausgeber: Gunthard Weber
Zweite Auflage, 1998

Die Deutsche Bibliothek - CIP-Einheitsaufnahme

Trenkle, Bernhard:
Die Löwengeschichte : hypnotisch-metaphorische Kommunikation und Selbsthypnosetraining / Bernhard Trenkle. - Heidelberg : Carl-Auer-Systeme, Verl. und Verl.-Buchh., 2. Aufl. 1998
ISBN 3-89670-026-X

Inhalt

Vorwort

Dieses Buch handelt von der recht langen Geschichte einer eigentlich sehr kurzen Geschichte. Die kurze Geschichte ist alt, die lange Geschichte dagegen noch jung.

Als ich Anfang der 80er Jahre nach einer Geschichte suchte, die die Botschaft des Sichein- und Loslassens beinhaltet, fand ich die Geschichte vom Löwen, der vor seinem eigenen Spiegelbild zurückschreckt. Mir schien sie sehr geeignet, um – eingebaut ins Selbsthypnosetraining – Klienten die erste Tranceerfahrung zu erleichtern und zu vertiefen.

Die Originalgeschichte stammt aus dem afghanisch-persischen Raum. Das Motiv des Löwen, der vor seinem eigenen Antlitz zurückschreckt, soll es laut einem geschichtskundigen Seminarteilnehmer schon bei den alten Griechen gegeben haben.

In den letzten 15 Jahren habe ich diese Geschichte Hunderten von Klienten und Ausbildungsteilnehmern des Fortbildungsgangs „Klinische Hypnose M.E.G." erzählt. Dabei entstanden vielfältige Versionen und Modifikationen. Die alte, kurze Geschichte wurde je jünger, desto länger.

Das Buch beginnt mit der alten, kurzen Geschichte vom Löwen. Dann folgt die Darstellung des Selbsthypnosetrainings, wie ich es mit den meisten meiner Klienten durchführe. Anschließend das Transkript einer sehr langen Version der Löwengeschichte, die ich einer fortgeschrittenen Ausbildungsgruppe für klinische Hypnose im Rahmen einer Gruppenhypnose vorgetragen habe. In der Analyse dieser hypnotischen Geschichte werden dann viele Techniken und Verfahren moderner Hypnotherapie im Überblick dargestellt. Dies kann als Einblick in das Kommunikationsinventar eines Hypnosetherapeuten in der Nachfolge des Pioniers moderner Hypnose, Milton Erickson, dienen. Es eignet sich jedoch vielleicht noch mehr als Repetitorium für ausgebildete Hypnosetherapeuten, die noch mal verschiedene Trancephänomene und hypnotische Techniken im Überblick reflektieren wollen.

Zwei wesentliche Wirkungsebenen therapeutischer Geschichten werden dann mittels Fallgeschichten dargestellt. Zum einen geht es dabei um Geschichten, die Suchprozesse auslösen. Zum anderen können Geschichten auch unterschwellig wirken.

Eingestreut erfolgen einige Reflektionen zur Ressourcenorientierung moderner Psychotherapie, die von Milton Erickson maßgeblich geprägt wurde. Ein weiterer Exkurs befaßt sich mit Leben außerhalb des Therapieraumes und der oft übersehenen Tatsache, daß Klienten während einer Therapie auch noch anderen Einflußfaktoren unterliegen. Diese Geschehnisse können manchmal mächtigere Interventionen sein als das, was wir Therapeuten einbringen.

Unter dem merkwürdigen Titel „Löwerman`s Friend" beginnt dann der Teil des Buches, in dem es darum geht, eine Standardgeschichte so zu modifizieren, daß sie sowohl für spezielle therapeutische Ziele als auch für die individuelle Persönlichkeit des jeweiligen Klienten paßgenau wird. Dabei werden einige allgemeine Prinzipien und Techniken dargestellt, wobei ein Pferd mit vier Beiner (nicht Beinen) eine gewisse Rolle spielt.

Bevor ich dann einige weiterführende Literaturhinweise gebe, komme ich noch auf die Entwicklung eines chirurgischen Bestecks für Camping und Freizeit zu sprechen.

Ganz zu Beginn jedoch steht das Inhaltsverzeichnis mit weiteren geheimnisvollen Überschriften.

Fritz Simon hat vor Jahren das Buch *Meine Psychose, mein Fahrrad und ich* geschrieben, von dem Helm Stierlin schrieb, daß man es beinahe auf dem Rad lesen könne. Ich möchte demgegenüber davor warnen, dieses Hypnosebuch auf dem Fahrrad zu lesen. Sie könnten dabei zu sehr auffallen. Meine Absicht allerdings war es, ein Buch zu schreiben, das sowohl nachttischgeeignet als auch nachtischgeeignet ist.

Danksagung

Vor einigen Jahren sah ich im Fernsehen einen kleinen Ausschnitt der Bambi-Verleihung. Vielleicht war es auch die Goldene Kamera. Ich erinnere mich nicht mehr genau. Jedenfalls stand die Preisverleihung für die besten Nachwuchsschauspielerinnen an. Fünf nominierte Kandidatinnen saßen gespannt im Publikum. Drei sprangen schließlich jubelnd hoch und holten sich ihren Preis ab. Die eine der Preisträgerinnen schnappte sich ganz zum Schluß noch einmal das Mikrophon und bedankte sich bundesweit bei ihren Eltern, die ihr den Schauspielunterricht ermöglicht hatten und ohne die sie jetzt nicht hier stehen würde. Danach wurde Ephraim Kishon für den „Blaumilchkanal" geehrt. Auch er wollte am Schluß noch etwas sagen. Er nahm sich das Mikrophon und sagte ohne irgendein Lächeln kurz und knapp: „Ich möchte mich bei dem jungen Klavierlehrer meiner Großmutter bedanken, ohne den ich jetzt nicht hier stehen würde." Weder Moderator noch irgend jemand im Publikum lachte. Erst einige Sekunden später – als schon die nächste Ansage im Gange war – erkannte ich die Pointe und hatte Probleme, mein Lachen atemtechnisch im beherrschbaren Rahmen zu halten.

Gerne würde ich mich genauso originell bei einigen KollegInnen, Freunden und Familienangehörigen bedanken, die mir bei diesem Buch geholfen haben. Jetzt fallen mir jedoch nur Worte ein, die so nüchtern und abgeklärt sind wie die Mimik von Kishon beim Präsentieren seiner Danksagung. Bei mir ist es umgekehrt. Auch wenn die Worte nüchtern klingen, ist meine Mimik beim Gedanken an die vielfältige Unterstützung durch freundliche und lächelnde Züge gekennzeichnet.

Bedanken möchte ich mich bei meiner früheren Praktikantin Dagmar Ertle. Sie hat nach Ende des Praktikums in Heimarbeit sowohl die Löwengeschichte als auch die Aufzeichnung der Analyse transkribiert und damit erst einmal den Grundstein für dieses Buch gelegt. Maria Angster aus Budapest hat die Audiobänder von einigen meiner Workshops mit nach Budapest genommen und von den Fallgeschichten Transkripte angefertigt. Einige Teile daraus habe ich dann überarbeitet ins Buch übernommen. Bedanken muß ich mich auch bei wirklich zahllosen SeminarteilnehmerInnen, die mit ihren Fragen und Kommentaren die Komplexität der Löwen-Geschichte mitgestaltet haben. Einige KollegInnen und PraktikantInnen haben dann verschiedene Varianten des beinahe fertigen Buches begutachtet und Korrektur gelesen. Dazu gehören: Dirk Lehnen, Brigitte Kohlhaupt, Roswitha Russ, Anette Fahle, Jochen Künzel und Didi Schauer.

Burkhard Peter, Alida Iost-Peter, Gyuala Biro und Katalin Varga – die beiden letzten aus Budapest – standen mir bei einigen fachlichen Fragen zur Seite. Karl-Ludwig Holtz, seine Tochter Anne Holtz, Alida Iost-Peter und meine Tochter Alexandra haben durch vielerlei Anregungen und schonendes Hinweisen auf Grundregeln der deutschen Grammatik zu einem besseren Buch beigetragen. Meiner Frau Brigitte und meinen unterdessen erwachsenen bzw. bald erwachsenen Kindern danke ich für die Unterstützung und die Geduld beim Warten, wenn ich zum Beispiel im Urlaub plötzlich mal wieder eine Idee hatte, die dann schriftlich festgehalten werden mußte.

Falls ich jemanden vergessen habe, bitte ich um Mitteilung und Verzeihung oder: Seit ich diese Alzheimererkrankung habe, lerne ich immer so viele neue Leute kennen. Außerdem bin ich nicht mehr so nachtragend.

Jedenfalls immer noch dankbar lächelnd, wenn auch momentan etwas müde, schließe ich mit dieser Danksagung inmitten der Vorbereitungen der im Oktober in Heidelberg stattfindenden Kinderhypnose-Tagung das Schreiben an diesem Buch ab und denke an den Spruch: Früher war ich noch unermüdlich im Forschen. Heute bin ich manchmal unerforschlich ermüdet.

Bernhard Trenkle
Rottweil, im Juli 1997

1. Die Löwen-Geschichte im Original

Es war einmal ein Löwe, der in einer Wüste lebte, die ständig vom Wind durchweht war. Deshalb war das Wasser in den Wasserlöchern, aus denen er normalerweise trank, niemals ruhig und glatt; der Wind kräuselte die Oberfläche, und nichts spiegelte sich im Wasser.

Eines Tages wanderte der Löwe in einen Wald, wo er jagte und spielte, bis er sich ziemlich müde und durstig fühlte. Auf der Suche nach Wasser kam er zu einem Teich mit dem kühlsten (verlockendsten und angenehmsten) Wasser, das man sich überhaupt vorstellen kann. Löwen können – wie andere wilde Tiere auch – Wasser riechen, und der Geruch dieses Wassers war für ihn wie Ambrosia. Der Löwe näherte sich dem Teich und streckte seinen Schädel übers Wasser, um zu trinken. Plötzlich sah er jedoch sein eigenes Spiegelbild und dachte, es sei ein anderer Löwe. „Oh je", sagte er zu sich, „das Wasser gehört wohl einem anderen Löwen, ich sollte vorsichtig sein." Er zog sich zurück, aber der Durst trieb ihn wieder zum Wasser; und abermals sah er den Kopf eines furchterregenden Löwen, der ihn von der Wasseroberfläche her anstarrte. Diesesmal hoffte unser Löwe, er könne den „anderen Löwen" verjagen und riß sein Maul auf, um furchterregend zu brüllen. Aber als er gerade seine Zähne fletschte, riß natürlich auch der andere Löwe sein Maul auf, und der gefährliche Anblick erschreckte unseren Löwen. Und immer wieder zog sich der Löwe zurück und näherte sich dem Teich. Und immer wieder machte er dieselbe Erfahrung. Nachdem einige Zeit vergangen war, wurde er aber so durstig und verzweifelt, daß er zu sich selber sagte: „Löwe hin, Löwe her, ich werde jetzt von diesem Wasser trinken." Und wahrlich, sobald er sein Gesicht in das Wasser tauchte, war der „andere Löwe" auch schon verschwunden. (Shah 1978).

2. Selbsthypnosetraining

Selbsthypnosetraining als erste Tranceinduktion

Die folgende Vorgehensweise des Selbsthypnosetrainings entwickelte ich erstmals im Rahmen einer Therapie mit einem Klienten, der in seiner Kindheit häufig mißhandelt worden war. Er konnte sich von daher verständlicherweise nicht sehr weit auf die Hypnose und auf Entspannung einlassen und unterbrach die Induktion immer wieder mit Unbehagen.

Über das Selbsthypnosetraining gelang es ihm dann, mehr loszulassen, zu entspannen und zu spüren, daß er trotzdem jederzeit die Kontrolle behalten kann.

Interessanterweise sehen anscheinend einige Klient(inn)en das „Hypnotisiertwerden" als Möglichkeit, Folgen von sexuellem oder sonstigem Mißbrauch zu überwinden. Eine Klientin formulierte dies direkt: „Wenn Sie mich mit Hypnose ‚knacken' können, dann kann ich mich wieder auf eine Beziehung zu einem Mann einlassen." Die Gewalt, die diesen Menschen angetan worden ist, spiegelt sich hier in der Wortwahl und dem Therapieauftrag wider. Es macht aus meiner Sicht wenig Sinn, die aus der Lebensgeschichte gewachsene vorsichtige Widerständigkeit mit der hypnotischen Trickkiste auszuschalten, weil damit alte gewalttätige Muster wiederholt werden.

Die hier vorgestellte Methode des Selbsthypnosetrainings, die entsprechend der Persönlichkeit der Klienten sanft in Richtung Heterohypnose geht, bietet dagegen Möglichkeiten, neue, kooperativere Beziehungsformen zu erfahren. Das damit verbundene vertrauensvolle Sicheinlassen auf Tranceerfahrungen in Anwesenheit und Begleitung eines anderen kann dann modellhaft für ein Sicheinlassen in anderer bzw. jeder Beziehung sein.

Ich verwende die hier beschriebene Methode unterdessen sehr häufig, um meinen Klienten eine erste Tranceerfahrung zu vermitteln. „Selbsthypnosetraining“ symbolisiert für mich die Betonung der Eigenverantwortung der Klienten und die Notwendigkeit, aktiv mitzuwirken. Die Vorgehensweise beinhaltet einen gleitenden Übergang von der Vermittlung der Selbsthypnose zu einer eher traditionellen Heterohypnose, bei der der Hypnotiseur führt und der Klient den Suggestionen folgt. Je nach psychotherapeutischer oder medizinischer Problemstellung und je nach Persönlichkeit des Klienten bietet eher die kooperative oder die dominante Variante in der späteren Behandlung Vorteile. Die Klienten lernen auf diese Weise früh, unterschiedliche Bereiche des möglichen Beziehungskontinuums zwischen den Polen „der Klient führt und der Therapeut folgt“ und „der Therapeut führt und der Klient folgt“ kennen.

Die Klienten lernen zudem ein rasch erlernbares Entspannungsverfahren kennen, mit dem viele selbständig unter therapeutischer Supervision, aber auch unter Zuhilfenahme von Kassetten oder Büchern weiterarbeiten. Nach meiner Erfahrung kann ich hierdurch vielen Klienten bei vielerlei therapeutischen Zielen entsprechende „selbsthypnotische“ Hausaufgaben geben, so daß die Klienten zu Hause effizient weiterarbeiten können. Die Behandlung wird verkürzt, und in vielen Fällen war es für das Selbstwertgefühl der Klienten wichtig, Werkzeuge in die Hand zu bekommen, mit denen sie selbst wirksam etwas ändern können. In der üblichen Hypnose bewirkt natürlich letztlich auch der Klient die Veränderung, er erfährt es aber stärker so, als ob die Veränderung von außen, vom Hypnotiseur kommt. Bei manchen heterohypnotischen Techniken wie im Falle der im Abschnitt „Geschichten, die unterschwellig wirken“ dargestellten Vorgehensweisen kann der Klient eventuell gar nicht erkennen, wie und woher Veränderungen in Gang gesetzt wurden.

Abklärung der Vorannahmen oder „Werde ich in der Hypnose zum Zombie?“

Unabhängig davon, ob ich mit Heterohypnose oder Selbsthypnosetraining arbeite, kläre ich in einem ersten Schritt ab, welche Meinungen, welches Wissen, welche Vorbehalte und Vorannahmen mein Klient zum Thema Hypnose hat.

Das erscheint momentan allerdings weniger wichtig als noch vor einigen Jahren, weil die Klienten besser informiert sind und realistische Einschätzungen von den Möglichkeiten der Hypnose haben. Dementsprechend sind auch unangemessene Befürchtungen nicht mehr so häufig wie noch vor einigen Jahren. Die zunehmend sachgerechtere Berichterstattung in den Medien wirkt sich aus. Einige Klienten informieren sich auch aus der Literatur, die seriös über Hypnosetherapie informiert (Revenstorf u. Zeyer 1997, Bongartz u. Bongartz 1988, Scholz 1994).

Vor der Verwendung hypnotischer Techniken stelle ich zumindest kurz die Frage, was die Klienten mit Hypnose und Hypnosetherapie verbinden. In den letzten Jahre sind die Klienten wie gesagt besser informiert, und ich erhalte zunehmend Antworten wie: „Ich weiß, daß Hypnose beim Therapeuten was anderes ist als Bühnenhypnose in der Disco. Ich habe schon so viel probiert, um meine Schmerzen loszuwerden. Mein Hausarzt hat mir gesagt, daß Sie viel Erfahrung haben. Machen Sie das, was Sie für richtig halten."

Die häufigsten Befürchtungen sind folgende:

a) Kontrollverlust – „Stimmt es, daß ich dann keine Kontrolle mehr über mich habe? Würde ich auch ein Verbrechen begehen?"

Meine Antwort darauf ist: Bezüglich dieser Frage sind viele Experimente durchgeführt worden, auch im Auftrag von hohen Gerichten in den USA. Nach den Ergebnissen dieser Studien kommt in Amerika vor Gericht keiner mehr mit der Ausrede durch, der behauptet, er sei zu Tatzeiten hypnotisiert gewesen. Es gibt nur wenige Gebiete im Bereich der Hypno-seforschung, bei denen sich die Wissenschaft so einig ist, daß es eben nicht möglich ist, in Hypnose etwas zu befehlen, das gegen grundlegende innere Prinzipien des Hypnotisierten geht.

In aller Regel ist damit das Thema kurz und knapp abgehandelt.

Falls der Klient diesbezüglich noch weitere Fragen hat, erzähle ich eine Anekdote aus meinem Hypnosetraining oder Erfahrungen und Beobachtungen, die ich zu dieser Frage gemacht habe.

Eine typische Anekdote ist:

„Ich kann Ihnen mal ein Beispiel geben. Es war auf einem meiner allerersten Hypnose-Ausbildungsseminare 1980. Der Seminarleiter stellte eine Methode vor, wie man Patienten hypnotisiert. Dann sollten wir dieses Verfahren in Zweiergruppen üben. Zweimal sagte der Seminarleiter ausdrücklich, wir sollten nur üben, wie man jemanden hypnotisiert und wieder aus der Hypnose rausführt, und zweimal fügte er an: ‚ohne Therapieteil'. Ich war damals noch Student und machte diese Übung mit einer älteren, schon erfahrenen Psychotherapeutin. Sie hypnotisierte mich, und ich war nach kurzer Zeit tief entspannt und hochkonzentriert in diesem hypnotischen Zustand. Dann begann meine Übungspartnerin entgegen der Absprache mit therapeutischen Inhalten. Vermutlich hatte sie einen psychischen Defekt bei mir diagnostiziert, der mir bisher noch gar nicht bekannt gewesen war. Ich spürte meinen Ärger, daß sie sich nicht an die Absprache hielt, und merkte, wie ich mich wieder reorientierte und zu bewegen begann. Ich dachte, sie müßte doch eigentlich sehen, daß ich das nicht wollte und nicht in Ordnung fand. Sie machte jedoch einfach weiter. Ich öffnete die Augen und sagte: ‚Wechseln wir mal die Rollen.' Dann führte ich die Übung mit ihr so durch, wie der Seminarleiter sie gestellt hatte. Daraus habe ich für mich gelernt, daß ich selbst in tiefer Hypnose genau mitbekomme, wenn jemand was macht, was nicht den Regeln und Abmachungen entspricht. Ich habe sogar bei mir den Eindruck, daß ich in diesem Zustand für Unstimmigkeiten sensibler bin als im Wachzustand. Im Wachzustand lasse ich aus Höflichkeit oder Nettigkeit eher mal was mit mir machen als in hypnotischer Trance."

b) „Gibt es Probleme mit der Reorientierung? Was ist, wenn ich nicht mehr zurückkomme?"

Die Befürchtung „nicht mehr aufzuwachen" ist das zweithäufigste Thema, das bei der Frage nach Befürchtungen bezüglich Hypnose ins Spiel gebracht wird.

Üblicherweise antworte ich darauf, daß der Pionier der modernen Hypnosetherapie Milton H. Erickson einmal sinngemäß gesagt hat: „Ich habe in mehreren Jahrzehnten Berufserfahrung nie erlebt, daß mir jemand auf den Behandlungsstuhl gepinkelt hat." Die Patienten reagieren darauf mit Schmunzeln oder Lachen, und das Thema ist damit fast immer abgehandelt, weil sie die Implikation dahinter erkennen: Spätestens, wenn ich auf die Toilette muß, komme ich wieder zurück.

Manchmal füge ich noch an, daß ich seit 12 Jahren Ärzte und Psychologen in Hypnose ausbilde. Dabei stellen mir diese Kollegen auch regelmäßig in Supervisionssitzungen ihre Fälle vor und bringen ihre Fragen und Probleme mit, die in den Behandlungen aufgetreten sind. In den ganzen 12 Jahren hat noch nie ein Kollege ein Problem oder eine Frage in bezug auf das Zurückkommen von Klienten eingebracht.

Bei unsachgemäßer Nutzung von Hypnose z. B. im Rahmen von Bühnenhypnose-Shows gibt es über die letzten hundert Jahre allerdings vereinzelt Berichte über diesbezügliche Probleme. Aber wie gesagt, im klinisch-therapeutischen Bereich ist das kein Thema.

Ergänzend erkläre ich manchmal, daß man sich zu Hause vor Beginn einer Selbsthypnose-Sitzung vornehmen kann, bei unerwarteten Ereignissen schnell wieder zurückzukommen. Man würde zwar, falls es zum Beispiel nach angebrannter Milch riechen sollte, auch so wieder schnell zurückkommen, aber wenn man sich das vornimmt, geschieht es etwas schneller. Das ist vergleichbar mit dem Warnschild „Spielende Kinder" in der Nähe einer Schule oder eines Kinderspielplatzes: Wenn ein Ball auf die Straße rollt, würde man ohnehin bremsen. Wenn man die Warntafel vorher sieht, ist man jedoch eventuell ebenfalls etwas schneller.

c) Wirkliche Hypnose heißt völlige Amnesie – „Wenn ich hypnotisiert bin, weiß ich hinterher nichts mehr."

Viele Klienten gehen davon aus, daß man nach einer echten Hypnose hinterher nichts mehr weiß, also eine vollständige Amnesie hat. Das ist für die Therapie meist hinderlich. Deshalb versuche ich zu erklären, daß Amnesie nur eines der möglichen Trancephänomene ist. Manchmal tritt Amnesie spontan ein, und es gibt auch Techniken, Amnesie zu induzieren. Es gibt jedoch eine Vielzahl therapeutischer Situationen, in denen dieses Phänomen nicht sinnvoll und erwünscht ist. Im Abschnitt „Geschichten, die Suchprozesse auslösen" werde ich auf eine Technik der Hypnotherapie eingehen, bei der Amnesie wenig bis keinen Sinn hat. Hier ist die Beteiligung der bewußten Instanzen gewünscht. Klienten vorab aufzuklären ist wichtig. Ansonsten kommt der Klient aus der Hypnose und sagt oder denkt: „Das war keine echte Hypnose. Ich weiß ja noch alles." Abgesehen davon, daß es in einer Einzeltherapie für einen Klienten ohnehin schwierig ist zu wissen, was er noch weiß und was in

Amnesie ist, fehlt die Ratifikation, auf deren Bedeutung ich später im Rahmen der Analyse der Löwengeschichte noch detaillierter hinweisen werde. Der Klient würde weggehen und denken: „Das war keine Hypnose, und weil es keine echte Hypnose war, kann es nicht wirken." Die positive Erwartungshaltung, die starke Kräfte in Richtung Veränderung oder Heilung in Bewegung setzen kann, ist damit geschwächt oder außer Kraft gesetzt. In einer Gruppentherapie oder -situation findet die Ratifikation regelmäßig über die Erzählung anderer Gruppenmitglieder statt. In der Regel fehlen vielen Gruppenmitgliedern bewußte Erinnerungen an manche Passagen der hypnotischen Gruppensitzung, von der gerade die anderen erzählen. Dabei findet die Ratifikation von alleine statt. In einer einzeltherapeutischen Situation ist es wichtiger, diese Fehlannahme vorab zu korrigieren, daß es sich nur dann um eine gültige Hypnose handelt, wenn nichts erinnert wird.

d) Religiöse Vorbehalte – „Ich habe gelernt, daß Hypnose ein Werkzeug des Teufels ist."

Es gibt religiöse Glaubensgemeinschaften, die Hypnose als Werkzeug des Teufels definieren. In der Regel habe ich keine Probleme, die geplante Therapie auch ohne die Verwendung von Hypnose durchzuführen, und respektiere solche Glaubenssätze. Ich akzeptiere dies, obwohl mich manchmal der Gedanke beschleicht, die Kirchenoberen versuchen deswegen ihre Gläubigen von der Hypnose fernzuhalten, weil sonst vielleicht zu sehr auffallen würde, daß Kirchen manchmal ähnliche Techniken benutzen, um die Schäfchen zusammenzuhalten. Der amerikanische Sektenexperte Stephen Hassan analysierte die Vorgehensweisen der verschiedenen Sekten, wie sie Menschen rekrutieren und in Abhängigkeit halten. Nicht wenige der dort beschriebenen Praktiken erinnern ab und zu an christliche Erziehungsprozeduren und Glaubensrituale (Hassan 1994).

Falls es geboten erscheint, Hypnose trotz religiöser Vorbehalte einzusetzen, verweisen Lankton u. Lankton (1983) auf entsprechende Bibelstellen, die belegen, daß es auch eine positive göttliche Trance gibt. Diese Passagen lassen sich einsetzen, wenn zum Beispiel bei medizinischen Sondersituationen wie Anästhesieallergien die Nutzung hypnotischer Schmerzkontrolle naheliegt, zuvor jedoch religiöse Vorbehalte abgebaut werden müssen.

Auch der Wegweiser geht nicht immer den Weg, den er weist

Dieser letzte Punkt bezüglich religiöser Vorbehalte verweist besonders auf die Notwendigkeit, die Voranahmen möglichst vorab zu klären.

Einmal hatte ich eine 55jährige Krankenschwester in Therapie, deren Vater strenggläubiger evangelischer Pastor war. Nach wenigen Sitzungen fand diese Klientin eine Hypnosezeitschrift im Wartebereich und war schockiert. Sie verwahrte sich strikt dagegen, daß ich jemals irgend etwas mit Hypnose in der Behandlung einsetzen könnte. Mir war klar, daß sie möglicherweise einfache Entspannungsübungen oder eine Imaginationsübung nachträglich als heimliche Hypnose hätte interpretieren können. Der wissenschaftlichen Forschung ist es zudem bisher nicht gelungen, solche Entspannungs- oder Imaginationsverfahren phänomenologisch exakt gegenüber „echter" Hypnose abzugrenzen. Wenn also möglicherweise im Überweisungskontext (Der Hausarzt merkte vielleicht an: Er arbeitet auch mit Hypnose), im Praxisschild oder im Wartebereich das Stichwort Hypnose auftaucht, kann von Klienten auch Nichthypnotisches als Hypnose definiert werden.

Manchmal hatte ich diese Regel auch vergessen und unterlassen, die Klienten vorab nach ihren Voranahmen und Einstellungen gegenüber Hypnose zu fragen:

Eine Mutter kam mit ihrer elf Jahre alten Tochter in Therapie, die eine Vielzahl von Diagnosen und Therapien hinter sich hatte. Im Rahmen des Erstgespräches demonstrierte ich der Mutter eine Entspannungsübung und schlug ihr vor, diese zu Hause zusammen mit ihrer Tochter durchzuführen. Die Mutter war gut entspannt und kam sehr begeistert zurück: „So wohlig und entspannt habe ich mich ja noch nie gefühlt. Wie heißt dieses Verfahren?" Ich sagte so etwas wie: „Das ist ein neues Verfahren, das von der Hypnose abgeleitet ist." Die Mutter war befremdet, rief mich wenige Tage später an und sagte die weiteren Termine mit dem Hinweis ab: „Ich lasse mich nicht psychiatrisieren." Sie war nicht bereit darüber zu sprechen, was das für sie heißt, und ich habe allenfalls Phantasien, was das bedeutet haben könnte. Wir hatten bis dahin einen wirklich sehr guten Kontakt gefunden, in dem sich Mutter und Tochter wohl fühlten. Das Stichwort „Hypnose" bewirkte die Störung der therapeutischen Beziehung, und ich weiß bis heute nicht, welche Einstellungen zum Thema Hypnose zu diesem Therapieabbruch geführt haben. Obwohl ich in meinen Ausbildungsseminaren immer auf die Abklärung der Vorannahmen der Klienten gegenüber Hypnose hinweise, habe ich es im vorliegenden Fall nicht getan. In diesem Fall tröstet mich nur der Umstand, daß auch der Wegweiser nicht immer den Weg geht, den er weist.

Wie oben schon angemerkt, wird diese Klärung der Vorannahmen in den letzten Jahren unwichtiger, weil die Klienten mit realistischeren Erwartungen und mit einem größeren Wissen über Hypnose in die Therapie kommen. Sie haben dieses Wissen aus den Medien, aus Büchern, von den überweisenden Kollegen oder von früheren Hypnoseklienten aus dem Bekanntenkreis. Trotzdem würde ich dazu raten, dieses Thema vor der Verwendung von Hypnose kurz anzusprechen. Es kann ratsam sein, dies auch anzusprechen, wenn man hypnoseverwandte Verfahren anwendet und der Klient weiß oder wissen könnte, daß man auch mit Hypnose arbeitet.

Klärung der Vorannahmen als Ressource

Viele Klienten schreiben der Hypnose sehr große magische Kräfte zu. Manchmal ist der eigentlich unrealistische Glaube an Hypnose eine wichtige Ressource, denn der Glaube kann bekanntlich Berge versetzen. Nicht die Hypnose oder der Hypnotiseur erzeugt die Veränderung oder Heilung, sondern die durch den starken Glauben stimulierten Selbstheilungskräfte des Klienten. Die Hypnose wirkt hier wie ein Heilritual in traditionellen Kulturen. Diese Rituale dienen als Kristallisationspunkte oder Katalysatoren für die Selbstheilungskräfte der Klienten.

Manchmal erhalte ich auch wertvolle Informationen vom Klienten über spezielle Erwartungen, die an die Hypnose gestellt werden. Ab und zu bekomme ich auch schon vorab wichtige Hinweise über spezielle Fähigkeiten in bezug auf Trancephänomene, die sich entsprechend leicht oder schwer induzieren lassen werden. „Ich stelle mir Hypnose so vor wie dieses Erlebnis, das ich nur einmal ganz am Anfang im autogenen Training hatte: Beinahe mein ganzer Körper war weg. Anfangs war ich etwas beunruhigt, aber dann habe ich diesen Zustand fasziniert genossen. So oder so ähnlich stelle ich mir Hypnose auch vor. Das würde ich gerne noch mal erleben. Geht das eigentlich beim Zahnarzt auch? Daß meine Zähne einfach nicht mehr spürbar sind?" Bei einem solchen Klienten läßt sich die dissoziative Erfahrung leichter induzieren als andere Trance-Phänomene, und er hat sich selbst auch schon mit der Frage beschäftigt, wie er dieses Phänomen therapeutisch nutzen kann.

Vorbereitende und einstimmende Maßnahmen

Einstimmen auf einen hypnotischen Zustand

Unmittelbar vor Beginn des Selbsthypnosetrainings frage ich, ob die Klientin Erfahrung mit autogenem Training, Meditation, Yoga, Trancetanz, Trancezuständen beim Sport, bei monotonen Arbeitsabläufen und ähnlichen Situationen hat. Auch hier erfahre ich manchmal individuelle Fähigkeiten und Eigenheiten, die für die spätere Feinabstimmung hypnotischen Arbeitens wichtig sein können. Hauptsächlich geht es mir aber darum, daß sich die Klientin hier innerlich auf einen hypnoiden Zustand orientiert. Wenn ich frage: „Wie würden Sie ihren tiefsten Entspannungszustand im autogenen Training beschreiben?", dann muß die Klientin sich diesen Zustand vorstellen und sich daran erinnern. Dadurch ist sie assoziativ dann etwas näher an einem hypnotischen Zustand als vor dieser Frage. Diese Art der Fragen entspricht der Technik des „Seeding", die später bei der Analyse der Löwengeschichte ausführlicher dargestellt wird.

Sitzposition und Entspannungshaltung

Das Selbsthypnosetraining führe ich immer in sitzender Haltung durch. Die sitzende Haltung impliziert für mich eine höhere Eigenbeteiligung und aktivere Eigenverantwortlichkeit des Klienten als eine liegende Haltung. Ich arrangiere die Stühle so, daß ich neben dem Klienten sitze. Als Sitzhaltung schlage ich ein entspanntes Sitzen vor, bei dem sich die Hände nicht berühren und auch die Beine nicht übereinandergeschlagen sind. Manchmal gebe ich hierzu Erklärungen, daß man auf diese Art leichter entspannen und in Trance gehen könne. Je nach Klient erwähne ich, daß man annimmt, so leichter dissoziieren zu können, oder ich zitiere Sprichwörter wie: „Die Rechte weiß nicht, was die Linke tut" oder „Die Linke soll nicht wissen, was die Rechte tut."

Skizzieren der Selbsthypnose als Einstimmung auf die erste Tranceerfahrung

Anschließend beschreibe ich dem Klienten den Aufbau des Selbsthypnosetrainings. Durch Wortwahl, Sprechrhythmus und über die Fülle der komplexen Informationen erfolgt meist schon eine Tendenz, in Trance zu gehen. Am Ende meiner Erklärung haben einige meiner Klienten Schwierigkeiten, die Augen offenzuhalten.

Das folgende ist ein Transkript eines typischen Selbsthypnosetrainings, beginnend mit der einstimmenden Skizzierung, der folgenden Demonstration der Selbsthypnose-Induktion und dem anschließenden gleitenden Übergang in eine Heterohypnose.

Schauen Sie einfach auf einen Punkt. Sie können einen Punkt an der Wand nehmen oder einen Punkt auf dem Teppich. Manche schauen auch auf den Ring an der eigenen Hand. Finden Sie später bei sich zu Hause heraus, was für Sie am besten funktioniert. Das ist, wie wenn der Hypnotiseur sagt: Schauen Sie ganz konzentriert auf diesen Finger an meiner Hand oder schauen Sie ganz konzentriert auf diese Kristallkugel. Hypnose und Selbsthypnose sind nicht nur Entspannung, sondern hohe Konzentration auf eine Sache. Sie können dann später auch jederzeit die Haltung korrigieren, sich mehr anlehnen, den Kopf in andere noch bequemere Haltung bringen, ganz nach den eigenen inneren Bedürfnissen …

Bevor ich Ihnen dann die Methode vorführe, werde ich sie Ihnen kurz beschreiben. Sie brauchen sich nicht alles zu merken. Sie können mich bei Bedarf hinterher auch noch einmal fragen. Die Methode hat erst mal zwei Durchgänge. Im ersten Durchgang sind die Sinne noch nach außen orientiert. Und dabei schaut man auf besagten Punkt. Man kann einen Punkt auf der eigenen Hand nehmen oder man kann einen Punkt auf dem Boden nehmen. Und dann sagt man sich, während man auf den Punkt schaut, viermal was man sieht. Man sieht natürlich den Punkt, aber im peripheren Sehen sieht man ja eigentlich, wenn man so konzentriert auf einen Punkt schaut, sehr viel mehr. Also wenn ich z.B. diese Passage schon mal vorführe: Ich seh' diesen Punkt, ich sehe

Farben, in den Augenwinkeln sehe ich Zweige, die sich bewegen, ich sehe die kleine Bewegung, die Ihre Hand gerade machte ... dann sagt man sich anschließend viermal, was man hört. Heizungsgeräusche im Raum, ein hoher Ton im Hintergrund, ein Auto fährt vorbei, weit weg hört man Stimmen, usw. und dann viermal, was Sie fühlen: alle Körpergefühle, Temperatur der Hände, Spannungen in den Schultern, Temperatur der Füße, die Atmung, Schluckbewegungen, einen Schluckreiz, egal was – was Ihnen in den Sinn kommt. Dann dasselbe mit dreimal Sehen, dreimal Hören, dreimal Fühlen; schließlich zweimal, zweimal, zweimal, einmal, einmal, einmal. An diesem Punkt schließen Sie die Augen. Es gibt einige wenige Leute, für die ist es besser, wenn Sie die Augen offen haben und weiter konzentriert auf den Punkt schauen, aber die allermeisten können sich besser konzentrieren, wenn sie die Augen geschlossen haben.

Dann kommt der zweite Durchgang. Sie nehmen irgendeine Szene, in der Sie sich früher einmal wirklich ganz entspannt oder ganz sicher oder ganz geborgen gefühlt haben. Vielleicht eine Situation aus einem wunderschönen Urlaub, oder eine Situation mit einer vertrauten geliebten Person. Und Sie tun dann so, als ob Sie wirklich in dieser Situation sind und machen so eine Art Live-Reportage aus dieser Situation. Sie benutzen dasselbe Muster wie im ersten Durchgang. Also viermal Sehen, viermal Hören, viermal Fühlen. Nur tun Sie so, als ob Sie an diesem schönen Urlaubsort sind und berichten mit diesem Muster viermal Sehen, viermal Hören, viermal Fühlen, dreimal Sehen, dreimal ... immer leise innerlich ... zu Hause können Sie es mal probieren, was für Sie besser funktioniert, leise oder laut ... hier werde ich es Ihnen laut vormachen und Sie machen es innerlich leise mit. Ich gebe Ihnen mal ein Beispiel, wie ich den zweiten Durchgang typischerweise für mich mache. Ich nehme mir eine Situation auf einer Insel, auf der ich einen wunderschönen Urlaub verbracht habe und auf der ich sehr ent-

spannt war. Ich tue so, als ob ich auf dieser Insel wäre und mache diese Live-Reportage: Ich sehe die kahle Insel gegenüber, ich sehe Segler auf dem Wasser, ich sehe Surfer, ich sehe den blauen Himmel, ich höre den Wind pfeifen, ich höre das Klatschen eines Surfersegels, ich höre die Wellen, ich höre Musik aus der Kneipe im Hintergrund, ich fühle den Wind, ich spüre die Sonne, ich spüre den Wind auf der Haut, ich spüre die harten Steine am Strand, ich sehe die Segelboote, ich sehe …

Ich werde das jetzt neben Ihnen sitzend laut vormachen und Sie werden es innerlich leise mitmachen. Das, was ich sage, wird dabei nur ein Beispiel für Sie sein. Sie konzentrieren sich darauf, was Sie sehen, hören und fühlen. Im ersten Durchgang wird es natürlich ziemlich parallel laufen, also die Dinge, die ich sehe, werden Sie mit großer Wahrscheinlichkeit auch sehen, wenn z.B. ein Vogel dicht am Fenster vorbeifliegen sollte. Die Geräusche sind für uns beide auch dieselben. Beim Fühlen ist es schon anders: Wenn es mich an der Nase juckt, muß es nicht unbedingt Sie auch jucken. Also Sie konzentieren sich auf die Dinge, die Sie sehen, hören, fühlen. Das, was ich sage, ist nur ein Vorbild, ein Beispiel für das, was Sie sehen, hören und fühlen.

Im zweiten Durchgang habe ich natürlich keinerlei Ahnung, in welcher Situation Sie sind, mit wem Sie zusammen sind, ob Sie da allein sind, was für Sie Geborgenheit und sich aufgehoben und sicher fühlen heißt. Dann werd' ich von meinen inneren Bildern weggehen und nicht noch einmal von meiner Insel erzählen. Das würde Sie zu sehr ablenken. Statt dessen werde ich versuchen, Ihnen zu helfen, Ihre Situation möglichst intensiv und real erleben zu können. In dieser Phase werde ich nicht mehr so ganz parallel zu Ihnen sitzen, sondern mich etwas mehr Ihnen zuwenden, und Sie werden das auch an der Richtung meiner Stimme hören. Ich kann Sie dann besser begleiten. Falls eine gute Anfangsentspannung sichtbar ist, werde ich Ihnen eine

Geschichte erzählen, die erfahrungsgemäß den Leuten hilft, sich besser reinzufinden. Diese Geschichte habe ich schon vielen Menschen erzählt. Es wird eine Geschichte aus dem orientalischen Bereich sein. Es ist ein sehr schönes positives orientalisches Märchen. Es gibt einige, die sagen, dieses Märchen ist noch schöner als unsere Märchen. Aber das ist Ansichtssache. Ich habe dieses Märchen gerade im Rahmen von Selbsthypnosetraining schon sehr sehr vielen Leuten erzählt. Ich kann deshalb das Märchen an der einen oder anderen Stelle auch immer wieder etwas anders erzählen, je nach Person und Problem. Wenn Sie wollen, können Sie gerne darauf achten und rätseln, was ist wohl das Originalmärchen und was fügt er jetzt speziell für mich ein. Ganz am Schluß werde ich Sie dann auffordern, von 1 bis 20 zu zählen und mit jeder Zahl wieder frischer und wacher hier in diesen Raum zurückzukehren. Haben Sie noch Fragen?

OK. Also fangen wir an.

Die Selbsthypnosemethode demonstrieren

1. Durchgang: Die Sinne nach außen

Wie gesagt, ich demonstriere es laut, viermal sehen, hören, fühlen usw., und Sie machen es entsprechend innerlich leise mit und nehmen das, was ich sage, zum Ausgangspunkt.

Haben Sie einen Punkt, auf den Sie sich konzentrieren? Sie können auch einen Punkt auf Ihren Händen nehmen. Ich seh' meinen Punkt,

ich sehe ihre Bewegungen. Ich seh' immer noch diesen Punkt. Ich seh' die Farben im Raum,

ich hör' verschiedene Geräusche im Raum … immer noch Geräusche, ein Knacken, Stimmen im Hintergrund …

ich fühl' meine Hände … die Temperatur meiner Hände, die eine noch eine Idee wärmer als die andere, die Füße fest auf dem Boden …

ich seh' immer noch diesen Punkt … Die Farben werden bei mir etwas heller … und noch etwas heller …

Schrittgeräusche … und wieder dieser helle Ton … eine Tür …

beginnende Entspannung in der Schulter … angenehme Gefühle … Wärmegefühle … mehr und mehr Entspannung …

und immer noch dieser Punkt … sanfte Bewegungen der Äste vor dem Fenster

ein fernes Rauschen … es ist ruhig im Haus,

verschiedene Körperempfindungen … die Schultern entspannen sich …

und dieser Punkt … Schritte … verschiedene Körperempfindungen …

um dann die Augen zu schließen …

2. Durchgang: Aufmerksamkeit nach innen orientieren

um dann in diese Situation zu gehen, angenehme Erinnerung, sich darauf konzentrieren … auf diese inneren Bilder … Gefühle … von Geborgenheit und Sicherheit und sich die Zeit lassen … viermal Sehen, viermal Hören, viermal Fühlen, und bei manchen Leuten tauchen auch Fragmente auf … von verschieden Situationen …Und diese Methode ist erst einmal eine Standardmethode. Sie können Ihre eigene Methode daraus entwickeln … um immer ruhiger und immer entspannter, über Sehen, über Hören, über Fühlen, und, falls ich mal vom Hören rede und Sie sind noch beim Sehen oder schon beim Fühlen, eine Stimme kann sein wie ein Autoradio im Hintergrund oder wie Musik aus der Nachbarwohnung … die Musik läuft im Hintergrund, aber wenn wirklich was Wichtiges kommt im Radio … dann können Sie's hören … ansonsten bleibt es einfach im Hintergrund … und Sie konzentrieren sich einfach auf die Dinge, die Sie sehen, hören und fühlen … in Ihrem Tempo … soweit Sie wollen … und ich natürlich nicht weiß, ob Sie im Moment beim Sehen sind oder Hören oder Fühlen … und das ist auch nicht wichtig, weil meine Stimme im Hintergrund, wie beiläufig mitläuft … und Sie doch alles mitbekommen können, vor allem, wie im Autoradio, die wichtigen Verkehrsmeldungen … die können Sie mitbekommen und ansonsten wieder Ihre Gedanken und Ihre Gefühle … und das bewußte

Denken, der Kopf, kann meist nur eine Sache gleichzeitig, während das Unbewußte, das Hinterstübchen im Kopf, der Teil, mit dem man träumt, kann viele Dinge gleichzeitig, und so können Sie einerseits sehen, hören, fühlen in dieser schönen Situation und gleichzeitig diese schöne Geschichte hören und ein Teil ist vielleicht neugierig, welcher Teil ist speziell neu und nur für mich und mein Ziel, und welcher Teil ist einfach diese wunderschöne alte Geschichte, denn das bewußte Denken hat die eine Sprache und das unbewußte Denken hat eine andere Sprache. Das Bewußte denkt eher in logischen Sätzen und das Unbewußte eher in Bildern. Diese Geschichte von dem Löwen …

Nachbesprechung des Selbsthypnosetrainings

In der Regel kommen die Klienten nach dieser ersten Tranceerfahrung zurück und sind sehr erstaunt, wie tief und gut entspannt sie waren. Dies gilt oft auch für die Klienten, die mir vorher angekündigt hatten, daß sie bisher große Schwierigkeiten gehabt haben, loszulassen, bzw. daß es bei ihnen wahrscheinlich nicht klappen würde.

Manchmal berichten die Klienten von den Bildern, die sie hatten, von veränderten Körperwahrnehmungen und anderen Trancephänomenen. Meistens gehen sie nach Hause, ohne weitere Fragen zur Vorgehensweise zu stellen. Früher habe ich meinen Klienten ein Arbeitsblatt mitgegeben, auf dem die Methode noch einmal dargestellt war. Manchmal mache ich das auch noch heute. In den meisten Fällen ist dies jedoch nicht notwendig. Manchmal stellt der Klient nach der ersten Sitzung die Frage: „Was soll ich an der Stelle mit dem Löwen machen? Soll ich mir die Geschichte selbst erzählen?" Ich betone, daß dies für das Üben der Selbsthypnose nicht wesentlich sei. Die Geschichte wurde erzählt, weil sie erfahrungsgemäß hilft, schneller in diesen Zustand zu gehen, und darüber hinaus waren schon spezielle Elemente in der Geschichte, die in Richtung des definierten therapeutischen Zieles Wirkung entfalten werden. Die Klienten sollen auf positive Änderungen bis zur nächsten Sitzung achten und dann darüber berichten, so daß wir darauf aufbauen können. Ich füge an, daß sich die Klienten zu Hause beim Üben natürlich an Teile der Geschichte erinnern können, auch an meine Stimme, an die Bilder, die sie beim Anhören hatten, an das Anfühlen des Stuhles bei mir in der Praxis, um dadurch zu Hause schneller, tiefer und sicherer in Trance gehen zu können.

Meist gebe ich den Auftrag, die Fähigkeit zu üben, diesen konzentrierten Entspannungszustand zu erreichen, damit wir dann später im weiteren Verlauf der Behandlung die erlernten Selbsthypnosefähigkeiten für therapeutische Zwecke nutzen können.

Feedback der Klienten

Es ist sinnvoll, Klienten danach zu fragen, was ihnen beim Erreichen des veränderten Bewußtseinszustandes hilfreich war. Der Therapeut bekommt so oft wichtige Hinweise für spätere Hypnosesitzungen. Einige Klienten sagen, daß der Hypnotiseur ohne Unterbrechung weitersprechen soll: „Ich habe Ihnen zwar längst nicht mehr zugehört. Aber bitte sprechen Sie weiter. Es war wie ein Klangteppich, auf dem ich geschwebt bin. Als Sie eine Pause machten, war das echt störend.“ Deutlich seltener höre ich genau das Gegenteil: „Sie müssen auch mal eine Pause einlegen und einige Zeit schweigen. Ich brauche das, um meinen eigenen Bildern zu folgen und um eigene Ideen zu entwickeln.“

Andere geben auch persönlichkeitspezifische Feedbacks wie: „Bitte lassen Sie das Wort ‚konzentrieren‘ weg. Mein Vater hat mich immer wieder genervt, daß ich mich mehr konzentrieren soll. Ich kann das Wort nicht mehr hören! Ich kann mich nicht entspannen, wenn Sie dauernd von ‚konzentrieren‘ reden.“

Diese Feedbacks sind für die Gestaltung zukünftiger maßgeschneiderter Hypnosesitzungen hilfreich.

In ähnlicher Weise können auch Beobachtungen spontaner nonverbaler Reaktionen in zukünftige Hypnosesitzungen eingebaut werden. Klienten entwickeln zum Beispiel ein andauerndes Schlukken oder kleine ideomotorische Bewegungen eines Fingers, Augenlidflattern, der Kopf bewegt sich in einem leichten Rhythmus oder sinkt nach vorne, usw. Wenn diese spontanen Reaktionen in der nächsten Sitzung suggeriert werden, so ist die Wahrscheinlichkeit des Eintretens der suggerierten Inhalte sehr groß, und über das Wiedererinnern der früheren Trance erreicht der Klient leichter den veränderten Bewußtseinszustand.

Die Web- oder Inkorporationstechnik

Nach einigen Tagen oder Wochen des Übens taucht bei manchen Klienten das Problem auf, daß Außengeräusche oder eigene Gedanken plötzlich stören, was sie am Anfang nicht taten.

In diesem Fall empfehle ich den Klienten die Web- oder Inkorporationstechnik und demonstriere sie wie folgt:

Auch ich kenne dieses Problem. Angenommen mich stört etwas außen oder in meinen Gedanken, dann baue ich alles in den Ablauf mit ein. Zum Beispiel so: Ich bin auf meiner Insel, ich sehe die kahle Insel gegenüber, oh jetzt klingelt das Telefon, ich habe dem Kollegen versprochen, um 20 Uhr erreichbar zu sein, aber ich brauche jetzt zuerst meine Entspannung, ich höre den Wind, die Musik im Hintergrund, ein Klatschen eines Surfer-Segels, der läßt es wirklich lange klingeln, und während ich im Hintergrund das Telefon höre, höre ich den Wind, das Rauschen der Wellen, ich spüre die Sonne, oh Gott, ich habe den Brief in meiner Jackentasche schon wieder nicht auf die Post gebracht, und während ich mich ärgere, gehe ich wieder auf meine Insel, ich sehe das Tragflächenboot weit weg in der Ferne, das blaue Wasser, usw. Also alles, was außerhalb passiert oder was in meinem Kopf passiert, wird mit eingebaut ... es gibt grundsätzlich keine Störung.

Einem meiner Klienten habe ich diese Vorgehensweise einmal demonstriert, und dabei trat ein unerwartet störendes Außengeräusch auf. Der Klient beschrieb nach der Reorientierung seine Erfahrung: „Anfangs war das Geräusch sehr störend. Je länger Sie sprachen, desto unwichtiger wurde es. Es war wie ein Teppich, und dann kam dieser rote Faden, der überhaupt nicht zum Muster paßte. Je länger Sie sprachen, desto mehr ging dieser Faden im Muster auf und war schließlich nicht mehr zu sehen."

Dies war eine schöne Beschreibung der Vorgehensweise. Alles an störenden Außeneinflüssen oder auch störenden inneren Gedanken wird mit Verknüpfungsworten wie „und", „während", „aber", etc. mit dem üblichen Prozeß und Tranceteppich verwoben, bis es im angestrebten Muster aufgeht und verschwindet.

Mehrfach haben Klienten berichtet, daß mit dieser Technik plötzlich das autogene Training oder andere Entspannungs- und Meditationsverfahren für sie besser funktionierten.

Eine typische Schilderung:
„Wissen Sie, ich mache autogenes Training an der Volkshochschule. Leider war ich bisher immer sehr störungsanfällig, wenn z. B. jemand zu spät in die Gruppe kam oder jemand dauernd hustete. Da habe ich mich früher innerlich immer wahnsinning aufgeregt, und weg war die Entspannung. Mit dieser Zusatztechnik komme ich gut zurecht. Selbst der eine Typ, der chronisch zu spät kommt, kann mich in meiner Entspannung nicht mehr stören. Ich sage mir einfach: „Jetzt kommt der Typ schon wieder zu spät. Ich könnte mich gerade aufregen, aber meine Arme werden immer schwerer und schwerer. Jetzt legt er sich auch noch so laut schnaufend hin und meine Arme werden dabei immer schwerer und schwerer …"

Posthypnotische Suggestionen

Bevor ich die Klienten reorientiere, und in der Reorientierungsphase selbst, gebe ich meinen Klienten Suggestionen, die ihnen zu Hause helfen sollen, den entspannt-konzentrierten Zustand möglichst intensiv wiederzuerreichen.

Sie können sich diesen entspannten Zustand merken. Sie können sich das Körpergefühl merken, diese entspannte Körperhaltung und Sie können sich zuhause daran erinnern, vielleicht können Sie dieses Gefühl der Entspannung auch in eine Farbe übertragen oder in eine Melodie und diese Farbe oder Melodie kann beim Üben zu Hause spontan auftauchen und sie schnell und sicher in die Entspannung führen.

Intellektuelle Einwände

Eigentlich ist diese Selbsthypnosemethode des „4mal, 3mal, 2mal, 1mal" beinahe zu primitiv und mechanisch für intellektuellere Klienten. Ich berücksichtige und ich respektiere das. Bei Skizzierung der Methode füge ich ein: „Dies ist die 08/15-Methode zum Üben. Die meisten Klienten finden mit der Zeit ihre eigene Methode heraus, die für sie passend ist. Es kommt nicht darauf an, immer wieder genau diese Schritte mechanisch durchzuführen, sondern diesen veränderten Bewußtseinszustand zu erreichen. Eine Hypnoseinduktion ist nach dem Bewußtseinsforscher Charles Tart definiert als ‚das Unterbrechen des Alltagsbewußtseinsablaufs und das Ausformen eines alternativen Bewußtseinsablaufs' (in Zeig 1992). Dieses Verfahren zum Erreichen eines veränderten Bewußtseinszustands hat sich zum Üben bewährt. Ich selbst mache jedoch unterdessen etwas anderes. Ich schließe gleich die Augen und beschreibe mir akribisch genau, was ich gerade höre. Das wirkt für mich am besten. Ein Klient hat mir einmal erzählt, daß das bei ihm auf dem visuellen Kanal nicht so gut funktioniere. Er beschreibe sich statt dessen ganz konzentriert, wie sich sein Körper anfühle, und zwar von den Haarspitzen über die Stirn, die Wangen bis hinunter in die Zehen. Das habe sich für ihn am besten bewährt. Ich empfehle Ihnen jedoch, für einige Zeit dieses etwas mechanische Schema zum Üben zu benutzen und eventuell ebenfalls mit der Zeit herauszufinden, was sich für sie individuell als die richtige Methode herauskristallisiert."

3. Die Löwen-Geschichte – Langform

Es folgt nun das Transkript der Löwengeschichte, wie sie 1994 in Heidelberg in einer Hypnose-Ausbildungsgruppe für Fortgeschrittene vorgetragen wurde. In dieser langen und ausführlichen Form erzähle ich sie nicht meinen Klienten. Diese Form dient dazu, einer Ausbildungsgruppe zusammenfassend viele Trancephänomene und Techniken zu demonstrieren, um sie anschließend noch einmal besprechen zu können.

Im Rahmen des Selbsthypnosetrainings erzähle ich eine Löwengeschichte, die etwas kürzer ist und doch spezielle, auf den jeweiligen Klienten zugeschnitten Teile enthält. Einige Aspekte dieses Maßschneiderns der Geschichte auf spezielle Symptome und individuelle Klienten werden später im Buch dargestellt.

Bevor ich die Löwengeschichte Schritt für Schritt analysiere, soll sie erst einmal in dieser langen Variante für eine Ausbildungsgruppe dargestellt werden:

> *... und diese Geschichte ... von dem Löwen, die, wo das bewußte Denken sich überlegen kann, wie diese Geschichte erzählt wurde im Einführungsseminar, während das unbewußte Denken eher ein ganz persönliches Interesse haben kann ... das bewußte Denken kann ein berufliches Interesse haben, die Geschichte analysieren, während das unbewußte Denken ganz private Ziele ... das Bewußte kann diese fehlerhafte Grammatik, während ein anderer Teil nur auf die Inhalte ... und damals, als diese Geschichte erzählt wurde ... in BBC ... vor vielen vielen Jahren ... Ende der 60er Jahre ... im Rundfunkprogramm von BBC ... war die Überraschung bei BBC groß ... es war wirklich eine Überraschung*

bei BBC … man kann sich jederzeit in eine noch entspanntere Haltung setzen … man kann sich jederzeit mehr und mehr auf die eigenen Ziele konzentrieren … jederzeit auf die Ziele, die hier genannt wurden und sich überraschen lassen … so wie damals … diese Leserbriefe … oder besser gesagt Hörerbriefe bei BBC … Mütter, die BBC anriefen, wegen der Kinder, und die Überraschung war groß bei BBC, es war wirklich eine Überraschung damals … abends … so vielleicht einundzwanzig Uhr dreißig … als ich anrief … ich hatte noch einen wichtigen Anruf zu tätigen und ich brauchte eine wichtige Information … und ich mußte eine Kollegin anrufen, bevor ich diesen wichtigen Anruf tätigen konnte … aber es nahm der fünfjährige Sohn ab und ich war überrascht, einundzwanzig Uhr dreißig … und ich fragte, wo ist die Mama und er sagte, ich weiß nicht … und ich war noch mehr überrascht … ich sagte, wann kommt die Mama wieder? … er sagte, ich weiß nicht, und dann begann er zu reden und zu reden und zu reden … und irgendwann habe ich ihn gefragt, hast du Angst? … dann sagt er ja, ich weiß nicht, wann die Mama wiederkommt … und gleich drauf hat er gesagt, gell, du legst jetzt nicht auf … und ich habe ihm versprochen, nicht aufzulegen … ich habe mit ihm gesprochen, aber irgendwann mußte ich auch meinen wichtigen Anruf tätigen … so war ich etwas unter Druck … und dann hatte ich die Idee, ihm diese Geschichte zu erzählen … und ich habe ihm gesagt, weißt du was, ich erzähle dir jetzt eine wunderschöne Gutenachtgeschichte … und wenn diese Geschichte rum ist, diese Gutenachtgeschichte, dann mache ich mein Telephongespräch, das dauert vielleicht zwanzig Minuten … und ich verspreche dir, ich rufe noch mal an … und dann lasse ich es nur dreimal klingeln … und wenn du nach dem dritten Mal Klingeln noch nicht abgenommen hast, dann weiß ich, du schläfst … und dann begann ich mit dieser Geschichte … die Geschichte von dem Löwen … und dieser Löwe wohnt im Wald … und auch da weiß das bewußte Denken, Löwen wohnen nicht im Wald … es ist eine Mär-

chengeschichte … in diesem Märchen wohnt der Löwe im Wald … und diese wunderschöne orientalische Geschichte … und vielleicht hat auch das bewußte Interesse ein intellektuelles Vergnügen dabei, zu analysieren, wie diese orientalische Geschichten sich unterscheiden von europäischen Märchen … diese positiven lösungsorientierten Inhalte … vielleicht hat auch jemand anders das Bedürfnis herauszufinden, wie wirkt diese Geschichte auf Kinder … und wie wirkt diese Geschichte auf Erwachsene … und wie wirkt diese Geschichte auf das Kind im Erwachsenen … und vielleicht doch einfach nur eine schöne Geschichte hören … mit vielen vielen Schichten … und der Löwe in diesem Wald, da ist es immer windig … da ist dieses permanente Geräusch in diesem Wald … und der Löwe hört dieses Geräusch und hört es nicht … im Hintergrund ist dieses permanente Rauschen … schon so vertraut für den Löwen … er hört das Rauschen und hört es nicht … es ist wie eine Musik … in diesem Wald ist es immer windig … einer der Gründe, warum er in diesem Wald bleibt, ist dieses Wasserloch … mit diesem unglaublich frischen Wasser … aber da es in diesem Wald immer windet, ist das Wasser immer in Wellen … und nie spiegelt sich was in diesem Wasser … und eines Tages geht der Löwe auf die Jagd … auch da weiß jede und jeder … Löwen gehen nicht auf die Jagd … eigentlich geht nur die Löwin auf die Jagd … aber in diesem Märchen geht der Löwe auf die Jagd … und von Minute zu Minute kommt er mehr und mehr ins Jagen … er wird immer konzentrierter, immer absorbierter, immer fokussierter … und nur noch sein Ziel … er hat sein Ziel vor Augen … er riecht sein Ziel, er spürt sein Ziel … er hört sein Ziel … mehr und mehr … und mehr und mehr … er hört den Wind und hört ihn nicht … er riecht den Wald und riecht ihn nicht … immer konzentrierter, immer absorbierter …. traumhaft sicher … immer konzentrierter … er sieht die Bäume und sieht sie nicht … traumhaft sicher läuft er zwischen den Bäumen … absolut konzentriert … auf sein Ziel … anfangs spürt er noch den Körper … und mehr und mehr ... nur noch das Ziel ... und irgendwann läuft er aus dem Wald raus ... in die Wüste ... und da ist die Sonne und da ist es warm, aber erspürt die Hitze und spürt sie nicht ... er hört die anderen Geräusche in der Wüste und hört sie nicht ... er sieht die Tiere und sieht sie nicht ... er ist nur konzentiert auf sein Ziel ... er riecht die Wüste und riecht sie nicht ... er spürt seinen Körper und spürt ihn nicht ... aber irgendwann ... irgendwann kommen sie zurück ... sie kommen zurück ... sie kommen zurück, seine Bedürfnisse ... er hat Durst ... er hat wirklich Durst ... schrecklich Durst ... das lange Jagen, die Hitze in der Wüste ... die trockene Luft ... Durst ... und ist weit weg von seinem Wasserloch ... er kann natürlich zurücklaufen an sein Wasser ... er hat genügend Reserven ... aber er hat jetzt Durst ... Löwen können riechen ... Wasser riechen ... und da hat es Wasser, ganz in der Nähe ... frisches Wasser ... und Durst und dieses Wasser riechen und dahin laufen ... und da ist dieser kleine See ... tiefblau, Windstille, spiegelglatt ... und dahin gehen ... aber kaum hat er den Kopf über dem Wasser, da ist der andere Löwe, und er schreckt zurück ... er zieht sich zurück, er legt sich in Schatten unter diesen Baum und wartet ... irgendwann geht der andere weg, der da ist, und dann kann ich ans Wasser, ich muß nur warten ... aber einige Minuten später, Kopf über dem Wasser, da ist der andere wieder ... und er beginnt sich zu ärgern, über sich ... weil er so unbesonnen in diese Situation gerät ... natürlich ... er kann zurücklaufen, er hat genügend Kraft ... er kann jederzeit zurück ... aber er hat jetzt Durst, er möchte jetzt trinken ... jetzt hat er seine Bedürfnisse ... und er wird so ärgerlich auf den anderen, daß er den Weg nicht freigibt ... und er läuft hin und er brüllt und er donnert und er grollt ... und er reißt das Maul auf, so weit es ein Löwe nur aufreißen kann ... aber der andere Löwe reißt das Maul genausoweit auf ... offensichtlich genausoweit ... offensichtlich ... das vierte Mal, wie er es wieder versucht, schaut ihn ein ... hilfloser, ängstlicher Löwe an ... und es macht ihn selbst ganz ver-

zweifelt und hilflos ... er legt sich wieder in den Schatten und weiß nicht was tun ... irgendwie kommt ihm die Situation seltsam vertraut vor ... er hat das Gefühl, er kann nicht vor, er kann nicht zurück ... obwohl er eigentlich weiß, er kann zurück an sein Wasser ... eigentlich kann er auch an dieses frische Wasser ... an diesem spiegelglatten See ... und doch ist er wie gelähmt... seltsam vertraut ... und er schließt die Augen und weiß nicht was tun ... er ist hilflos ... und dann wundert er sich, er hat völlig unerwartet ...wunderschöne Bilder ... und sein Kopf sagt, eigentlich paßt das gar nicht in die Situation ... irgendwo ... tief in seinem Inneren ... wunderschöne Bilder ... von ganz ganz ganz früher ... er jagt Schmetterlinge ... er hat nie einen gefangen von diesen Schmetterlingen, aber das spielt überhaupt keine Rolle ... er hat einfach die Ruhe weg ... er kann warten ... er läßt sich Zeit ... er beobachtet ... er sieht die Schmetterlinge ... und er schleicht sich an ... Millimeter um Millimeter ... Stunde um Stunde ... immer wieder dasselbe ... er schleicht sich an und er ist sich jedesmal sicher, diesmal klappt es ... und er springt und der Schmetterling fliegt weg ... Stunde um Stunde ... zehnmal ... zwanzigmal ... vierzigmal ... Tag für Tag ... das ist wie eine Zeit, da gibt es überhaupt keine Fehler ... er weiß noch nicht genau, wieviel er weiß ... er weiß noch nicht einmal, wieviel er lernt in dieser Situation ... Stunde um Stunde schleicht er an ... sieht nur sein Ziel ... sein ganzer Körper ist konzentriert ... seine Augen ... Millimeter um Millimeter ... eine entspannte Spannung ... eine konzentrierte entspannende Spannung ... obwohl sein Körper leicht zittert vor Erregung ... ist er völlig entspannt ... es ist eine Zeit, da gibt es keine Fehler ... nur Neugier ... nur Experimentieren ... und er springt ... der Schmetterling fliegt weg ... Stunde um Stunde ... und wie er die Augen öffnet und sich bewegt, dann sieht er den See ... den See sehen ... spiegelglatt, tiefblau, Windstille ... und er steht auf und er schlendert in Richtung von diesem See ... das ist eine besondere Art von diesem kraftvollen Schlendern ... er bewegt sich geschmeidig ... er hat die volle Kraft vom erwachsenen Löwen, die richtige Haltung ... in den Schultern, in den Hüften, im Nacken ... er hat die volle Kraft und Erfahrung vom großen erwachsenen Löwen ... und gleichzeitig ist es wie wenn eine Idee ... eine Idee von dem kleinen Löwen in ihm wäre ... er läuft irgendwie anders ... er schlendert irgendwie anders ... und kurz vor diesem See ... hört er eine Stimme wie von außen ... Löwe hin und Löwe her ... seine eigene Stimme, er erschrickt ... vor seiner eigenen Stimme ... Löwe hin und Löwe her ... er steckt den Kopf in das Wasser, das Wasser wirft Wellen ... er schlürft dieses kühle Wasser und er atmet dabei ... erleichtert ... und das Wasser ist so erfrischend ... genießen ... und er trinkt in seinem Rhythmus ... genußvoll ... und alles um ihn herum spielt keine Rolle ... er wird immer ruhiger und immer ruhiger ... und je ruhiger er wird, desto ruhiger wird das Wasser ... er kann manchmal den anderen Löwe sehen ... manchmal verzieht er so sein Gesicht zu einer Fratze, der andere ... machmal lächelt er im raschen Wechsel ... und er hört nur immer Löwe hin und Löwe her ... und er legt sich noch mal in den Schatten ... und das kühle Wasser erfrischt den Körper ... die lange Jagd ... und es ist angenehm ... eine Mischung aus Müdigkeit und Erfrischung ... eine wohlverdiente Müdigkeit ... und er möchte noch mal diese Erinnerungen holen von den Schmetterlingen ... und er sieht wieder diese bunten Schmetterlinge ... und er jagt diese Schmetterlinge und es wird ihm mehr und mehr klar ... was er lernen kann aus dieser Zeit ... er kann lernen, auf perfekte Art Fehler zu machen ... und es wird ihm mehr und mehr klar, was es heißt, auf perfekte Art Fehler zu machen ... auf perfekte Art Fehler zu machen heißt für ihn, Fehler spielen überhaupt keine Rolle ... er lernt, sie zu vermeiden ... er ist neugierig, er kann warten ... er läßt sich einfach Zeit, er hat Geduld, wie damals als kleiner Löwe ... spielt überhaupt keine Rolle, daß er nichts fängt ... es war ihm damals überhaupt nicht wichtig, daß er seine Augen trainiert ... daß er seine Sprung-

kraft trainiert ... daß er das Anschleichen trainiert ... das kam alles beiläufig, wie von alleine ... von Woche zu Woche ... konnte er besser schleichen ... und es wurde ihm klar, daß er das lernen kann ... aus der damaligen Zeit ... auf perfekte Art zu lernen und auf perfekte Art Fehler zu machen ... einfach nur tun ... ohne Druck ... weit und offen in der Wahrnehmung ... sein ganzes Blickfeld vor ihm ... auf perfekte Art Fehler machen ... und dann erinnert er sich an eine zweite Sache von damals ... das ist im Nachhinein eine banale Erinnerung ... im Nachhinein ... da gab es damals diesen einen Stein, den großen Stein ... den wollte er immer umdrehen ... er war aber immer zu schwer für ihn als kleiner Löwe ... von Woche zu Woche wurde er stärker als kleiner Löwe ... und irgendwann rollt der Stein weg ... und da packt ihn das Entsetzen ... damals ... heute kann er darüber lächeln, denn objektiv war es banal ... aber für den Kleinen war es zuviel, damals ... diese Käfer und diese Würmer unter diesem Stein ... er schämt sich als erwachsener Löwe, wie man sich als Löwe so erschrecken kann ... irgendwo kann er es verstehen, für den Kleinen war es zuviel ... für den Großen ist es absolut lächerlich ... und doch, wenn er in sich reinfühlt und ehrlich ist ... er spürt diese Angst immer noch und er wird neugierig ... er bekommt das merkwürdige Bedürfnis für den Heimweg ... sich so einen Stein zu suchen ... er wird regelrecht unruhig bei dem Gedanken ... einen Stein zu suchen und den Stein noch einmal absichtlich wegzuwälzen ... und die Würmer krabbeln zu lassen und die Käfer ... und er schämt sich beinahe ... weil er spürt, er wird immer noch Angst haben, selbst als großer Löwe ... obwohl es objektiv überhaupt keinen Grund gibt ... er wird wieder diese Angst und dieses Entsetzen in sich spüren ... und er hat das Bedürfnis, das einmal zu tun, vielleicht zweimal, vielleicht fünfmal ... und dieses Gefühl, absichtlich auszuhalten ... für das er sich etwas schämt, wenn er ehrlich ist ... und doch war es für den Kleinen damals zu viel ... und er wird neugierig auf seinen Heimweg ... und dieses Bedürfnis, die

Steine noch einmal umzudrehen ... er möchte mal wieder sein wie ein ganz kleiner Löwe mit der vollen Erfahrung ... vom erwachsenen Löwen ... neugierig und unbeschwert ... nur gab es damals auch diese Kakteen ... und wann immer er zu nahe an diese Kakteen kam, irgendwas spritzt weg ... und hing ihm im Fell ... ekelhaft ... stachelig, juckend und klebrig ... Tage hat er immer gebraucht, um sein Fell wieder sauber zu bekommen ... noch heute jucken manchmal diese Wunden ... und er hat das Gefühl, daß er eine Idee mißtrauischer ist, seit dieser Zeit ... und er beschließt, es ist ihm nicht mehr wichtig, ob die Kakteen auf seinen Geruch reagieren oder auf sein Gewicht oder seine Temperatur ... er wird neugierig sein und kraftvoll schlendern ... wie ein erwachsener kleiner Löwe ... und einen weiten weiten Bogen um diese Kakteen machen, diese bestimmten ... und so macht er sich auf den Heimweg ... und er wälzt zwei, drei Steine weg ... und er macht diesen weiten Bogen um die Kakteen ... und er sieht, daß jeder Grashalm minimal eine andere Art von Grün hat ... er beobachtet alles viel viel genauer ... in aller Ruhe ... in aller Gelassenheit... und irgendwann ... kommt er auf seinen Platz, an sein Wasserloch, in seinem Wald ... und er hört den Wind und dieses permanente Rauschen ... und er legt sich auf seinen Platz ... und er hat das Gefühl, daß sehr viel interessante Dinge waren an diesem Tag ... und er hat das Gefühl, daß er es verdient hat, einfach nur da zu sein ... und er hört den Wind und das permanente Rauschen wie eine Musik ... und er hört die Vögel ganz anders ... er riecht den Wald ganz anders ... und er ist mehr und mehr einfach nur da ... er weiß nicht, ob er es Meditation nennen soll ... er ist einfach nur da ... vielleicht im Moment ohne Wünsche ... ohne Interessen und ohne Bedürfnisse ... und er hat sogar das Gefühl, seit er die Entscheidung getroffen hat ... um diese Kakteen einen weiten Bogen zu machen ... kann er mehr und mehr einfach nur da sein ... er hat die Kontrolle ... jederzeit ... er kann einfach nur da sein ... auf die eigene Art und Weise ... immer mehr in sich ruhen ... jeder Gedanke ist in Ordnung ... jede Bewegung ist in Ordnung ... kann einfach nur da sein ... und aus dieser Ruhe heraus stellt er sich vor, wie er geschmeidig wieder aktiv wird ... auf seine Art und Weise ... auf eine geschmeidige Art wieder aktiv werden ... und er hat einen Traum ... anfangs ist es, wie wenn die Türe zu ist ... körperlich spürbar ... und er spürt die Temperatur in seinen Füßen ... wie ein bewußtes Empfinden ... und doch das Gefühl, auf geschmeidige Art aktiv zu sein ... und er hat diesen Traum, mit diesem Wort ... und er kann sich das nicht erklären, ob das aus der Welt der Menschen kommt ... oder aus der Welt der Tiere ... er gleitet förmlich in diesen Traum ... so wie er das Gefühl hat, er kann mehr und mehr in die Aktivität hineingleiten ... und er hat dieses eine Wort ... und dieses Wort heißt ‚Löwermans friend' ... und er kann sich das nicht erklären ... das ist wie wenn er reingleitet in dieses Wort ... und er genießt dieses sanfte Gefühl ... und gleichzeitig ist der Kopf frisch und wach und der Körper bleibt ganz entspannt ruhig ... und er bewegt sich ganz geschmeidig ... wie wenn er minimal eine veränderte Haltung hätte ... er bewegt sich, dieses kraftvolle Schlendern ... genußvoll ... und er vergißt die Zeit ... und er weiß nicht, wie lange er so da liegt ... ohne Wünsche, ohne Interesssen und ohne Bedürfnisse ... er ist einfach nur da ... er weiß nur noch, morgens ist es eine ganze Zeit ... ohne Wünsche, ohne Interessen und ohne Bedürfnisse ... er war wach und hat doch irgendwie geschlafen ... er muß irgendwann eingeschlafen sein ... irgendwann später ... Zeit spielt keine Rolle ... und gegen Morgen hat er diesen Traum ... er weiß es noch ganz genau beim Aufwachen ... er hat diesen Traum ... er kann weit vorausschauen ... weit voraus auf die Zeit, von der aus er zurückschaut ... das ist ein ganz merkwürdiges Gefühl ... weit vorauszuschauen auf den Punkt, von dem aus man zurückschaut ... und er ist so ruhig und so zufrieden an diesem Punkt ... er ist am Ziel ... und was ihn überrascht und was ihn verwundert ... er weiß nichts mehr von diesem

Inhalt von diesem Traum … er weiß noch, daß er ganz detailliert geträumt hat von diesem Punkt weit voraus, von dem aus er zurückschaut … er erinnert sich dann auch, daß er kurz vor diesem Traum … wie zwei Stimmen gehört hat … er wußte nicht, ob die Stimmen von draußen kommen, oder ob die Stimmen von drin kommen … und die eine Stimme war immer so kritisch … und hat ihn beschuldigt … und er lügt … und die andere Stimme war eine wunderbar sanfte anerkennende Stimme … und die eine Stimme war immer so vorwurfsvoll … und diese Stimmen wechselten sich immer ab … und plötzlich konnte er weit vorausschauen auf den Punkt, von dem aus er zurückschaut … angenehm … er sieht sich an dem Punkt, an den er wirklich hinwill … und er ist überrascht nach dem Aufwachen … daß ihm viel viel wichtiger ist tief drin … daß er genau weiß, daß er tief drin diesen Traum hat … es ist ihm viel wichtiger, daß er weiß, daß er es weiß … tief drin … als daß er inhaltlich weiß, daß er weiß was er weiß … und das ist überraschend für ihn, normalerweise möchte er immer genau wissen, was er weiß … und jetzt ist es ihm plötzlich viel viel wichtiger, daß er es weiß … und er ist sich sicher, er wird sich erinnern … im richtigen Moment … wie von alleine … so wie er so oft irgendwo auf der Jagd war … zurück in ein Gebiet ging, in dem er gelebt hat, bevor er in den Wald ging … und er war Jahre nicht dort … und er könnte niemand mehr beschreiben, wie es dort aussieht … und doch weiß er ganz genau, wenn er dort ist, wird er sich erinnern … er wird wissen, wo er abzubiegen hat … er wird wissen, wie er sich zu entscheiden hat … er wird sich erinnern, obwohl er es im Moment niemand beschreiben kann … und es gibt ihm diese Sicherheit … diese Lockerkeit … er weiß tief drin, daß er es weiß … und so kann er einfach, wie er morgens aufwacht … einfach das erste tun, was zu tun ist … ganz gelassen … er ist ganz überrascht über sich … er tut einfach das erste, was zu tun ist … es darf alles so sein, wie es ist … und es ist eine Überraschung für ihn … eine große Überraschung … als ich an-

rief … und ich ließ es einmal klingeln … und zweimal klingeln … ich hatte ja versprochen … ich rufe an … nach zwanzig Minuten … aber ich hatte nicht damit gerechnet, daß der kleine Bub schläft … weil an dieser einen Stelle der Geschichte … wie der Löwe nicht an das Wasser kann … da fing er heftig an zu atmen … heftiger und heftiger … und ich fragte ihn, weinst du? … aber er konnte nicht antworten … immer heftiger wurde sein Atem … und die Schmetterlinge … und Löwe hin und Löwe her … und der Löwe schlürft dieses Wasser und er atmete auf … und man hört es am Telephon … sein Atem wird ruhiger und ruhiger … und ich habe ihm versprochen, ich rufe ihn an in zwanzig Minuten … und ich ließ es viermal klingeln und fünfmal klingeln … und dann habe ich ganz schnell aufgelegt, ich wollte ihn nicht aufwekken … und seine Mutter rief an … am nächsten Morgen und hat sich bedankt … sie war nur ganz kurze Zeit weg und dachte, er schläft … diese Anrufe von Müttern, damals Ende der sechziger Jahre … überraschend auch für BBC … und ob das bewußte Denken Ideen hat … wie wirkt diese Geschichte auf Kinder … und wie wirkt diese Geschichte auf Erwachsene … und wie wirkt diese Geschichte auf das Kind im Erwachsenen … und welches Problem hatten diese Kinder … damals in England … und die Mütter, die die Leserbriefe schrieben oder besser gesagt Hörerbriefe … voller Überraschung … weil die Kinder ein bestimmtes Problem nicht mehr hatten … Wirkungen von Geschichten … und wer hat lieber darüber reflektiert … wie sich orientalische Märchen von europäischen unterscheiden … und wer hat dieses permanente Rauschen draußen gehört und die Autos gezählt … und wer hat sich eher auf diese Ziele konzentriert … auf persönliche Ziele … und mit dem eigenen Tempo mehr und mehr in die Realität … und diejenigen, die die Augen schon offen haben … können registrieren, wie jeder und jede eine eigene Art hat im Zurückkommen … bei manchen sich zuerst die Augen zurückorientieren … und der Körper noch eine Weile in tiefer Entspannung bleibt … und bei anderen regt sich zuerst der Körper, streckt sich und reckt sich … und die Augen haben Mühe, sich zu öffnen … bevor dann mit zwei, drei erfrischenden Atemzüge die Augen und der Körper frisch und wach hierher zurückkommen … und alle diese Dinge, die bewußt zu erinnern sind, können bewußt erinnert werden … und alle Dinge, die eher im Unbewußten bleiben sollen, können vorerst im Unbewußten bleiben … … … … und diejenigen, die noch nicht auf die Uhr geguckt haben, die können wieder überlegen, wie lange die Geschichte diesmal gedauert hat … … … und was das subjektive Zeitempfinden sagt … … … … … … … … … …

4. Der Löwe – Analyse einer hypnotischen Geschichte

Vorüberlegungen: Von Technikern und Kunsthandwerkern

Die folgenden Überlegungen und Analysen dienen verschiedenen Zwecken. Diese Ideen wurden im Rahmen für fortgeschrittene Hypnose-Ausbildungsgruppen für Ärzte und Psychologen entwikkelt, um gegen Ende der Ausbildung grundlegende Techniken hypnotischer Kommunikation noch einmal zusammenfassend darzustellen.

Sie sollen Hypnotherapeuten verschiedener Erfahrungsstufen Ideen und Anregungen geben, um hypnotherapeutische Wirkmechanismen nachvollziehen und reflektieren zu können. Die eine oder andere Überlegung ist dabei wahrscheinlich auch für diejenigen hilfreich, die mit autogenem Training, katathymem Bilderleben, Phantasiereisen usw. arbeiten.

Diese Analyse soll dem an moderner Hypnose Interessierten einen Einblick in einen Teil der verwendeten Techniken geben. Am Ende des Buches sind einige Bücher genannt, die einen umfassenderen Überblick geben.

Manche Vorgehensweise wird dem psychotherapeutisch erfahrenen Praktiker auch ohne Hypnoseaus- und -weiterbildung vertraut sein. Einige der Konzepte sind auch von anderen Verfahren konzeptualisiert worden. Anderes wurde möglicherweise durch eigene Intuition oder Überlegungen gefunden. Generell habe ich jedoch den Eindruck, daß die Hypnotherapie Ericksonscher Prägung das größte explizite und kreative Interventionsrepertoire umfaßt. Ein guter Teil davon wurde unterdessen auch von der Familientherapie und der Verhaltenstherapie aufgegriffen und adaptiert. Viele Therapeuten verwenden in der Hypnotherapie klar konzeptualisierte Vorgehensweisen implizit, ohne sie auf der Metaebene explizit zu kennen. Dagegen ist auch nichts einzuwenden, da auch Hypnosetherapeuten in der Sitzung mit Klienten oder Patienten natürlich nicht an Techniken denken. Dazu möchte ich noch ein Erlebnis schildern, das mich sehr beeindruckt hat.

Mitte der 80er Jahre hatte die Stimm- und Sprachabteilung der Uni Heidelberg, an der ich damals arbeitete, den bekannten Stottertherapeuten Theo Schoenacker zu einem eintägigen Fortbildungsseminar eingeladen. Schoenacker umriß vormittags seine theoretischen Konzepte und seinen Therapieansatz, der logopädisch-sprachtherapeutische Elemente und psychoanalytische Konzepte Adlerscher Prägung verknüpft. Der Hörsaal war mit rund 100 Teilnehmern besetzt. In der Reihe direkt vor mir saßen einige junge Männer. Nach kurzer Zeit war klar, daß sie zu einer Stotterselbsthilfegruppe gehörten. Damals waren viele Selbsthilfegruppen gegen Therapie und Therapeuten eingestellt. An den leisen Bemerkungen und den Blicken bekam ich mit, wie sie sich allmählich gegen Therapeuten und Therapie aufheizten. Nachmittags fragte dann Theo Schoenacker, ob zufällig ein Stotterer im Raum sei, damit er seinen Therapieansatz demonstrieren könne. Er hatte die Frage noch nicht ganz ausgesprochen, da meldete sich auch schon der Wortführer der Selbsthilfegruppe. Schon wie er sich im Hörsaal in Richtung Therapeut bewegte, machte offensichtlich, daß es weniger um Therapie und mehr um Kampf und Auseinandersetzung gehen würde. Theo Schoenacker griff das Distanzbedürfnis des jungen Mannes auf, indem er die Stühle etwas weiter als üblich auseinander stellte. Nach kurzer Zeit begann der junge Mann seine Auffassung darzulegen: „Therapie bringt nichts. Therapeuten können Stotterer eh nicht richtig verstehen. Es macht viel mehr Sinn, wenn Stotterer sich gegenseitig helfen. Die Stotterer kennen am besten die Probleme und auch die Fallen, mit denen sie sich immer wieder austricksen. Wir helfen uns am besten gegenseitig ..." Es war beeindruckend, mit welchem Engagement sich dieser junger Mann der Selbsthilfeidee verschrieben hatte. Nach einiger Zeit wandte sich Theo Schoenacker an den Hörsaal und sagte: „Wenn jemand wissen möchte, wie ein guter Freund aussieht: Hier sitzt einer." Er beugte sich dabei etwas nach vorne und legte seine ausgestreckte Hand auf die Schulter des jungen Mannes. Mit der anderen Hand zeigte er liebevoll auf ihn. Theo Schoenacker war mindestens 25 Jahre älter, und diese Anerkennung vor dem ganzen Hörsaal machte den jungen Stotterer für einen Moment verlegen und weich. Es tat ihm offensichtlich gut. Theo Schoenacker hatte schließlich gerade das anerkannt, was ihm zentral wichtig war: Kameradschaft, Freundschaft und gegeseitige Hilfe. Diese Offenheit hielt jedoch nur einen kurzen Moment, und dann wurde nonverbal wieder klargestellt: „Ich bin aber nicht hier, um mit einem Therapeuten Freundschaft zu schließen." Theo Schoenacker nahm seine Hand wieder von der Schulter und stellte den alten Abstand wieder her. Für mich war es von da an sehr interessant zu beobachten, daß Schoenacker, wann immer es mit dem Kontakt zu schwierig wurde, wieder kurz seine Hand ausstreckte und den jungen Mann an der Schulter berührte. Dieser wurde jedesmal wieder etwas offener und das Gespräch zunehmend konstruktiver.

Nach Ende des Seminartages ging ich zu Theo Schoenacker und fragte ihn, ob er die Technik des Ankerns kenne. Er war sehr erstaunt und hatte noch nie etwas davon gehört. Ich erklärte ihm also, daß im sogenannten neurolinguistischen Programmieren (NLP), abgeleitet von der Arbeit Milton Ericksons, ein Konzept entwickelt worden sei, das genau dem entspreche, was er demonstriert habe, nämlich einen Zustand über eine Körperberührung zu „ankern" oder zu konditionieren, um ihn für therapeutische Zwecke wieder nutzen zu können. Ich beschrieb Theo Schoenacker meine Beobachtungen und er schaute mich groß an und sagte: „Wie können Sie da eigentlich Therapie machen, wenn sie an so viel denken?" Diese Frage beschäftigte mich dann in der Folge. Ich hatte den Eindruck, daß ich in der Therapie eigentlich gar nicht an Techniken denke. Schoenacker hatte recht, daß es wohl die Qualität der Arbeit und den Kontakt zum Klienten mindert, wenn man an Techniken denkt. Andererseits ist das Erlernen, Üben und Reflektieren der handwerklichen Seite des Therapieberufes auch für den Hypnosetherapeuten wichtig. Stephen Gilligan brachte es dann einmal für mich schlüssig auf den Punkt: „Ein guter Therapeut bereitet sich gut vor, bereitet sich gut nach und vergißt in der Therapiestunde am besten alles."

Vielleicht ist es ähnlich wie bei einem Musiker. Während eines Auftritts macht es vermutlich wenig Sinn, über Technik oder Fingerübungen zu reflektieren. Die volle Konzentration auf die Musik und ihre Interpretation ist angesagt. Reflektieren und sich weiterentwickeln kann der Musiker dann, wenn er sich anschließend die Aufnahme anhört und mit seinem Lehrer die Technik verfeinert.

Als ich in einem Seminar einige Jahre später obige Anekdote erzählte, war es für mich sehr interessant, von einem Seminarteilnehmer zu hören, daß sich Theo Schoenacker später doch für diese Techniken interessiert habe und eine Ausbildung gemacht haben soll.

In diesem Sinne hoffe ich, daß die folgenden Detailanalysen einer gruppenhypnotischen Sitzung für die eine oder den anderen dazu führen werden, die eigenen therapeutischen und kommunikativen Fähigkeiten implizit und explizit zu verfeinern.

Von den meisten Hypnosetherapeuten wird Hypnose nicht als eigenständiges Psychotherapieverfahren betrachtet, sondern als eine Art Werkzeugkasten mit hocheffizienten Arbeitsmitteln. Mit diesen Werkzeugen läßt sich das, was man von der jeweiligen psychotherapeutischen Grundausbildung her gesehen bewerkstelligen möchte, leichter, schneller und besser erreichen. Die Hypnotherapie in der Nachfolge Milton Ericksons geht jedoch in vielem über diesen Werkzeugkastenaspekt hinaus. Erickson und seine Schüler haben eine Vielzahl psychotherapeutischer Interventionen entwickelt, bei denen Hypnose nur teilweise eingesetzt wird. In vielem entsprechen diese Verfahren dem, was Grawe und Donati (1995) in ihrer Metaanalyse als Merkmale einer effektiven allgemeinen Psychotherapie herausdestilliert haben. Von daher gibt es Überlegungen, Hypnotherapie doch als eigenständiges Verfahren zu definieren. Unabhängig von dieser Frage, ob Werkzeugkasten oder eigenständiges Verfahren, hoffe ich, mit den folgenden Detailanalysen einige der wesentlichen Merkmale hypnotherapeutischen Kunsthandwerks beschreiben zu können.

Analyse der Löwen-Geschichte

Das Pacen der äußeren Realität

Verbales Pacen oder sprachliches Aufgreifen der äußeren Realität bildet oft den Anfang einer Tranceinduktion. Viele glauben, es sei leichter, störende Außengeräusche auszublenden, wenn diese nicht angesprochen werden. Das Gegenteil ist der Fall. Meist sind zu Beginn einer Tranceinduktion Umgebungsgeräusche wahrnehmbar, wie singende Vögel, Straßenbahnen, Autos, verspätete Gruppenmitglieder usw., die angesprochen werden sollten.

Im vorliegenden Transkript fehlt diese Passage. Es handelte sich um eine hypnoseerfahrene fortgeschrittene Ausbildungsgruppe. Bei dieser Gruppe ging ich davon aus, daß sie störende Außengeräusche eigenständig auszublenden vermag.

Zu Beginn einer Gruppeninduktion mit einer weniger erfahrenen Gruppe würde ich ungefähr so vorgehen:

> *und die Geräusche der Autos draußen ... dieses permanente Geräusch ... das wir den ganzen Tag hören ... hören und auch nicht hören ... Bewegungen von einigen in der Gruppe ... und sich noch bequemer hinsetzen ... eine Tür, die sich gerade öffnet ... einer der Kollegen kommt etwas später ... die Schritte hören ... und Schritt für Schritt sich mehr entspannen ... und der Kollege ... Schritt für Schritt ... und dabei laufend in Trance gehen ... und das Geräusch des Stuhles ... und wieder ein Auto ... bevor man dann mehr und mehr nach innen ...*

Anfangs werden diese Außengeräusche noch direkt angesprochen und etwas später dann indirekt, wenn am Anfang der Löwengeschichte vom Wind und dem beständigen Rauschen im Wald die Rede ist. Dies verknüpft sich beim Zuhörer meist assoziativ mit dem Hintergrundrauschen des Verkehrslärms oder dem Summen in der Beleuchtungsanlage. Oft räuspert sich anfangs noch jemand oder hustet, wenn es sich um eine Gruppe handelt. Dies läßt sich über Formulierungen einbauen: *„... und der Löwe hört die anderen Tiere und er hört sie nicht, er ist so konzentriert, so absorbiert ... er hört die anderen und hört sie nicht“*. Über das indirekte Ansprechen wird dem Hörer geholfen, diese „Störung“ auszublenden.

Hypnose ist ein wechselseitiger Prozeß zwischen Hypnotiseur und Hypnotisiertem. Die ungarische Kollegin Eva Banyai hat Untersuchungen durchgeführt, bei denen Hypnotiseur und Hypnotisierte an dieselben Meßgeräte (Hautwiderstand, EEG etc.) angeschlossen wurden. Sie hat herausgefunden, daß bei einer guten Hypnoseinduktion der Hypnotiseur zeitlich vor dem Hypnotisierten in einen veränderten Bewußtseinszustand geht. So habe ich mir zur Regel gemacht: Stört mich im späteren Verlauf ein Außengeräusch oder ein Geschehnis, so gehe ich davon aus, daß auch beim anderen mit einer gewissen Wahrscheinlichkeit die tiefe Konzentration gestört sein könnte. Deswegen spreche ich dann die Außengeschehnisse in oben erwähnter indirekter Form an. Wenn ich mir selbst die hier analysierte Aufnahme der Löwen-Geschichte anhöre, stelle ich fest, daß ich anfangs noch wenig im Rhythmus war. Erst als ich dann allmählich selbst in einen Trancezustand ging, kam ich in einen Trancerhythmus, der auch für die Zuhörer wichtig ist.

Bewußt-unbewußt-Dissozationen

das bewußte Denken sich überlegen kann, wie diese Geschichte erzählt wurde im Einführungsseminar, während das unbewußte Denken eher ein ganz persönliches Interesse haben kann … das bewußte Denken kann ein berufliches Interesse haben, die Geschichte analysieren, während das unbewußte Denken ganz private Ziele … das Bewußte kann diese fehlerhafte Grammatik, während ein anderer Teil nur auf die Inhalte …

Lankton und Lankton (1983) weisen darauf hin, daß das Sanskrit rund 20 verschiedene Begriffe für hypnotische Bewußtseinszustände kennt. Ich selbst habe in Hypnose sehr unterschiedliche Dinge erlebt. Der hypnotische Zustand, als ich auf dem Zahnarztstuhl ohne Spritze drei Weisheitszähne ziehen ließ, war ein anderer als der Zustand während einer Gruppentrance in einem Ausbildungsseminar. Der Zustand einer Tiefenentspannung war anders als der einer psychotherapeutischen Sitzung. Einer dieser erlebten hypnotischen Zustände ist durch eine Dissoziation des mentalen Erlebens gekennzeichnet. In diesem Zustand empfindet man sich als zweigleisig. Einerseits beobachtet und analysiert man das ganze Geschehen, und andererseits läuft gleichzeitig auf einer anderen unwillkürlichen Ebene ein zweiter Film ab, über den man nur beschränkte Kontrolle hat.

Meine erste Hypnoseerfahrung war von dieser Art. Ich wurde aufgefordert, einen Blick auf meine Kindheit zu werfen. Plötzlich rollten Tränen, ohne daß ich ein Bild sah und ohne ein Gefühl der Traurigkeit zu haben. Genau gleichzeitig fing es draußen prasselnd zu regnen an. Mit dem Kopf dachte ich: „Ein komischer Zufall. Draußen regnet es, und gleichzeitig laufen mir die Tränen." Weiterhin war es mir etwas peinlich, und ich dachte: „Was denken jetzt die anderen von meiner Kindheit." Der Hypnotiseur sagte mir: „Du kannst auch mal etwas Fröhliches in Deiner Kindheit sehen." Für einen kurzen Moment sah ich mich auf meinem Roller fahren, und ich spürte, wie sich meine Mundwinkel nach oben zogen. Dabei dachte ich: „Aha, jetzt scheine ich zu lachen." Es war wie zwei Ebenen gleichzeitig.

Bei der vorliegenden Gruppentrance finden sich Formulierungen wie: „... das bewußte Denken sich überlegen kann, wie diese Geschichte im Einführungsseminar erzählt wurde, während das unbewußte Denken eher ein ganz persönliches Interesse haben kann ... das bewußte Denken kann ein berufliches Interesse haben, die Geschichte analysieren, während das unbewußte Denken ganz private Ziele ... das Bewußte kann diese fehlerhafte Grammatik, während ein anderer Teil nur auf die Inhalte ..."

Durch diese Bewußt-unbewußt-Formulierungen läßt sich erfahrungsgemäß die Wahrscheinlichkeit des Eintretens der beschriebenen Zweigleisigkeit des Bewußtseins erhöhen. In dieser Zweibahnigkeit des Bewußtseins erleben die Klienten, daß in der Trance Dinge unwillkürlich ohne bewußte Kontrolle ablaufen können.

Konfusionstechnik

Gleichzeitig wird in derselben Passage auf die fehlerhafte Grammatik hingewiesen und dazu eine fehlerhafte Grammatik benutzt. Dies wirkt im Sinne einer Konfusionstechnik. Die Konfusionstechnik wurde von Milton Erickson in die Hypnotherapie eingeführt. Er hat sie als eine seiner wichtigsten Beiträge zur Technik der Hypnose betrachtet. (Erickson 1995, Gilligan 1991*). In *Mario und der Zauberer* beschreibt Thomas Mann in genialer Weise einen Hypnotiseur, der die Konfusionstechnik benutzt. In der hier analysierten Löwengeschichte dienen die agrammatischen Formen dazu, das bewußte Denken etwas zu irritieren und zu eher unbewußten und vorbewußten primärprozeßhaften Denkformen überzuleiten. Dies wird durch die im folgenden beschriebene Überladungstechnik noch intensiviert.

* Gilligans Buch *Therapeutische Metaphern* (1991) enthält ein Kapitel, in dem er beeindruckende Beispiele für die Anwendung der Konfusionstechnik darstellt.

und dieser Löwe wohnt im Wald ... und auch da weiß das bewußte Denken, Löwen wohnen nicht im Wald ... es ist eine Märchengeschichte ... in diesem Märchen wohnt der Löwe im Wald ... und diese wunderschöne orientalische Geschichte ... und vielleicht hat auch das bewußte Interesse ein intellektuelles Vergnügen dabei, zu analysieren, wie diese orientalischen Geschichten sich unterscheiden von europäischen Märchen ... diese positiven lösungsorientierten Inhalte ... vielleicht hat auch jemand anders das Bedürfnis herauszufinden, wie wirkt diese Geschichte auf Kinder ... und wie wirkt diese Geschichte auf Erwachsene ... und wie wirkt diese Geschichte auf das Kind im Erwachsenen ...

Wenn viele solcher Bewußt-unbewußt-Formulierungen in Serie kommen, dann wirken diese als Überladungstechnik. Das bewußte Denken wird dabei mit so vielen Themen beschäftigt, daß es überfordert oder eben „überladen" wird.

Selbst für diejenigen, die dazu neigen, viel über den Kopf zu machen, entsteht dabei oft so ein Effekt: „Der soll mich jetzt in Ruhe lassen, ich möchte jetzt einfach die Geschichte hören." Das ist ein gewollter Effekt. Anstatt zu warten, bis sich der kritische Intellekt mit seinem Analyse- und Kontrollbedürfnis an irgendwelchen Themen festbeißt und dann dem angestrebten entspannten Loslassen im Wege steht, werden sehr viele Themen auf einmal angeboten. Die Vielzahl der Themen überfordert das Denken und führt zu einem schnelleren Sicheinlassen.

In diesem ersten Teil der Löwen-Geschichte gibt es einige Themen, deren Summe das bewußte Denken beschäftigt und überlädt:

- Wie wurde diese Geschichte (denselben Teilnehmern) im Einführungsseminar erzählt und wie wird sie heute erzählt?
- Wie wirkt diese Geschichte auf Kinder und wie wirkt sie auf Erwachsene und wie auf das Kind im Erwachsenen?
- Wie unterscheiden sich orientalische Märchen von unseren Märchen?
- Wie wirkt die Geschichte auf dem Hintergrund beruflicher Interessen und wie wirkt sie auf einen persönlich?

Lieber ein Freitag am Dienstag
Ein Beispiel für Konfusion und Überladung

In meiner Zeit in der Uniklinik in Heidelberg teilte ich die Stelle mit einer Kollegin. Zeitweise hatte ich als Familienvater mit drei kleinen Kindern ideale Arbeitszeiten. Ich konnte meine Halbtagsstelle an zwei aufeinanderfolgenden Tagen, nämlich Dienstag und Mittwoch, zu je 10 Stunden abarbeiten. Meine Kollegin arbeitete am Montag, Mittwoch und Freitag. In einer Mittagspause entstand dann die Wortspielerei, mit der sich die Wirkung der Konfusions- und Überladungstechnik ganz gut demonstrieren läßt. Stellen Sie sich vor, ich würde wie folgt zu Ihnen sprechen:

„Damals. Damals hatte ich eine Stelle und ich arbeitete am Dienstag und am Mittwoch. Am Montag, am Donnerstag und am Freitag hatte ich frei. Meine Kollegin statt dessen arbeitete am Montag, am Donnerstag und am Freitag. Sie hatte an meinen Arbeitstagen, dem Dienstag und dem Mittwoch, frei. Also war es doch so. Ich hatte also am Mittwoch Dienst und am Donnerstag frei. Der Mittwoch war also für mich ein Dienstag und der Donnerstag ein Freitag. Während für meine Kollegin der Montag ein Dienstag und der Dienstag ein Freitag war. Der Mittwoch war für meine Kollegin ein Freitag und der Donnerstag ein Dienstag. Aber für mich war der Montag ein Freitag und der Dienstag ein Dienstag. Und wäre es nicht schön, spezielle Entspannungstechniken zu erlernen, sodaß man sowohl an einem Montag, der ein Dienstag ist, optimal entspannen kann, als auch zu lernen, optimal zu entspannen, wenn der Mittwoch in Wirklichkeit ein Freitag ist?"

Das Interessante dabei ist, daß ich als Sprecher eine solche Aussage mit hohem Tempo aktiv produzieren kann und jederzeit weiß, ob ich mich im tatsächlichen Dienstplan bewege. Als Zuhörer jedoch verliere ich relativ schnell den Überblick, werde konfus. Wann immer meine Kollegin selbst aktiv diese Wortspielerei benutzte, konnte ich nie sehr lange folgen, währenddessen ich mühelos in der Lage gewesen wäre, diesen Text selbst in doppelter Geschwindigkeit kontrolliert zu produzieren.

Diese Techniken haben im medizinischen Bereich z.B. in Notfallsituationen eine Indikation, wenn es darum geht, einem Patienten schnell einen veränderten Bewußtseinszustand zu ermöglichen, und jeder Patient wird in solchen Situationen dafür dankbar sein. Im psychotherapeutischen Bereich ist diese Technik in obiger Intensität weniger sinnvoll oder kann sogar kontraindiziert sein. Eine Aversion gegen den so induzierten hypnotischen Zustand könnte entstehen, die schwer wieder zu korrigieren ist. In milderer Form – sozusagen in einer homöopathischen Dosis – ist diese Vorgehensweise jedoch für viele Klienten hilfreich, um schneller loslassen und sich einlassen zu können. Im Zusammenhang mit dem späteren Kapitel über unterschwellige Kommunikation und den dazugehörenden Fallbeispielen wird der Wert, Sinn und Zweck der Konfusions- und Überladungstechniken klarer werden.

Die Verschachtelung der Geschichte

Die so erzählte Geschichte hat eine verschachtelte Struktur. Nach den einleitenden Sätzen mit der Überladung und den Bewußt-unbewußt-Dissoziationen spreche ich von BBC und von überraschenden Anrufen. Dann wechsle ich zu meinem Anruf bei einer Kollegin und dem Telefonat mit dem kleinen Jungen. Jeweils an einer spannenden Stelle unterbreche ich diese beiden Erzählungen und gehe in die Löwengeschichte über. Gegen Ende der Geschichte gehe ich ebenso unvermittelt wieder zu BBC und dem Telefonat mit dem kleinen Jungen zurück. Abschließend komme ich dann auch noch einmal auf das Thema bewußt/unbewußt zurück, das ich auch zu Beginn mit eingebaut hatte. Mehrere Themen wurden so angesprochen, unterbrochen und später wieder aufgegriffen. Das Ganze ist eine Technik der Amnesie-Induktion. Es erhöht die Wahrscheinlichkeit, daß die Themen in der Mitte auf bewußter Ebene in Vergessenheit geraten.

In einer Ausbildungsgruppe, die von der Löwen-Geschichte gehört hat und sie kennenlernen oder analysieren möchte, ist das natürlich schwieriger, obwohl einige Teilnehmer von Seminargruppen auch nach mehrmaligem Hören sich nicht an den Ablauf der Geschichte erinnern konnten. Als ich im Rahmen eines Selbsthypnosetrainings an einer Volkshochschule die Löwen-Geschichte mit einer ähnlichen Verschachtelung erzählte, hatten drei von 20 Teilnehmern eine völlige Amnesie für die ganze Löwengeschichte. Bei zwei weiteren Teilnehmern war zwar die Löwengeschichte präsent, dafür aber die verschachtelte Rahmengeschichte in einer Amnesie verschwunden. Falls die Geschichten in der Verschachtelung sehr spannend und dramatisch wären und die Kerngeschichte kürzer als die Löwen-Geschichte hier, dann wäre die Wahrscheinlichkeit für eine Amnesie der Kerngeschichte recht hoch.

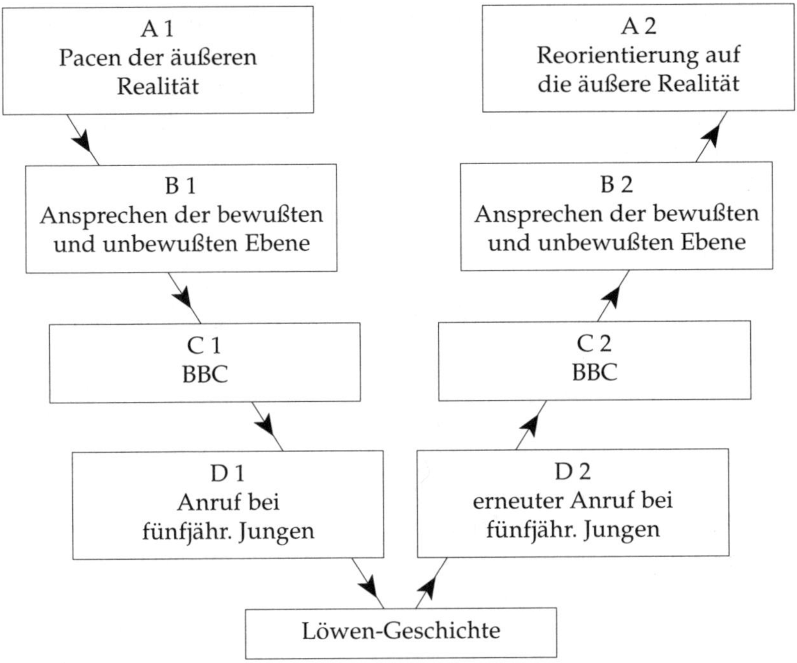

Schaubild 1

Strukturierte Amnesie: Amnesie International versus Gerhard Polt

Die oben beschriebene Amnesietechnik geht auf Milton Erickson zurück und heißt strukturierte Amnesie.

Der Wirkmechanismus ist den meisten von uns aus dem Alltag bekannt. Denn immer, wenn ein rascher Wechsel bezüglich des Fokus der Aufmerksamkeit da ist, besteht eine höhere Wahrscheinlichkeit für amnestische Phänomene. Man ist zum Beispiel auf dem Weg zu einem CD-Laden und hat genau im Kopf, welche CD man kaufen möchte. Plötzlich wird man von einem Ortsunkundigen angesprochen, erklärt für einige Zeit mühsam den Weg und – der Titel der CD nebst Namen des Musikers ist verschwunden. Man hat noch das Bild vom gestrigen Fernsehauftritt vor sich, die Melodie ist im Ohr – alles vergeblich, die Worte bleiben verschwunden. Der rasche Aufmerksamkeitswechsel hat den aktuellen Zugriff zu dem an sich gespeicherten Wissen unterbrochen. Stunden oder Tage später taucht es manchmal wieder spontan auf, oder man bemüht die Programmzeitschrift, um sich wieder zu erinnern.

Ähnliches habe ich einmal an einem Sonntagnachmittag erlebt. Ich saß zu Hause und erinnerte mich plötzlich, daß mir jemand ein paar Tage vorher ein Buch zur Begutachtung zugeschickt hatte. Ich hatte Lust, in diesem Buch zu lesen und freute mich darauf. Also ging ich ein Stockwerk höher in mein Büro, um das Buch zu holen. Als ich gerade mein Büro betrete, beginnt das Telephon zu klingeln. Ich war neugierig und wollte hören, wer Sonntag nachmittags im Büro anruft. Es war ein alter Freund, von dem ich lange nichts gehört hatte. Die Freude war groß und wir sprachen vielleicht 20 Minuten über das Leben und die Liebe. Dann befand ich mich wieder im Treppenhaus. Kurz vor Erreichen meiner Wohnungstür stockte ich: „Halt mal? Warum warst Du eigentlich im Büro?" Ich hatte es vergessen. Nur das Gefühl einer Vorfreude war noch in meiner Erinnerung. Ähnlich wie beim Aufwachen nach einem Traum erinnerte ich mich noch an dieses Grundgefühl, die Inhalte waren jedoch in eine Amnesie gerutscht. Ich betrat dann nochmals mein Büro und sah mich um, ob irgendwo etwas lag, was mich an den Grund meines sonntäglichen Bürobesuches erinnern könnte. Allerdings konnte ich nichts entdecken. Erst Tage später geriet mir der Umschlag mit dem Buch wieder in die Hände, und das hob meine Amnesie bezüglich meines ursprünglichen sonntäglichen Vorhabens wieder auf.

Viele von uns kennen ähnliche Alltagsbeispiele. Man plant gerade einen Anruf, wird aber von einem Kind unterbrochen: „Papa, Papa, stell dir vor ..." Mit dem Hörer in der Hand spricht Papa einige Minuten mit dem Kind und möchte endlich die Nummer wählen. Nur – welche Nummer? Die Häufigkeit solcher Geschehnisse hängt auch mit individuellen kognitiven Strukturen zusammen. Manche vergessen leichter und sind wegen ihrer hohen Rate an spontaner Vergeßlichkeit im Alltag längst Ehrenmitglied bei „Amnesie Internationale". Andere sind eher wie Elefanten und vergessen nie etwas. Wie sagte der Kabarettist Gerhard Polt einmal: „Daß meine Frau Nachbarin so nachtragend ist, vergesse ich ihr nie." Die Möglichkeit der Induktion einer Amnesie hängt auch von solchen individuellen Gedächtnisstrukturen ab. Je stärker die Verschachtelung und je häufiger und überraschender die Themenwechsel, desto größer wird die Wahrscheinlichkeit für Amnesien.

Welchem therapeutischen Sinn die Induktion einer Amnesie dient, wird im Abschnitt über unterschwellige Kommunikation dargelegt.

Überraschende Übergangsworte

Passage a) vor der Löwengeschichte
und sich überraschen lassen ... so wie damals ... diese Leserbriefe ... oder besser gesagt Hörerbriefe bei BBC ... Mütter, die BBC anriefen, wegen der Kinder, und die Überraschung war groß bei BBC, es war wirklich eine Überraschung damals ... abends ... so vielleicht einundzwanzig Uhr dreißig ... als ich anrief ... ich hatte noch einen wichtigen Anruf zu tätigen..

Passage b) nach der Löwengeschichte
er ist ganz überrascht über sich ... er tut einfach das erste, was zu tun ist ... es darf alles so sein, wie es ist ... und es ist eine Überraschung für ihn ... eine große Überraschung ... als ich anrief ... und ich ließ es einmal klingeln ... und zweimal klingeln ... ich hatte ja versprochen ... ich rufe an ...

Passage c) nach der Löwengeschichte
... diese Anrufe von Müttern, damals Ende der sechziger Jahre ... überraschend auch für BBC ... und ob das bewußte Denken Ideen hat ... wie wirkt diese Geschichte auf Kinder ... und wie wirkt diese Geschichte auf Erwachsene ... und wie wirkt diese Geschichte auf das Kind im Erwachsenen ... und welches Problem hatten diese Kinder ... damals in England ... und die Mütter, die die Leserbriefe schrieben oder besser gesagt Hörerbriefe ... voller Überraschung ... weil die Kinder ein bestimmtes Problem nicht mehr hatten ...

Der abrupte Themenwechsel wird nach meiner Erfahrung durch die Benutzung von gemeinsamen „Übergangsworten" noch intensiviert. Das Übergangswort in dieser verschachtelten Geschichte ist „Überraschung". Die Mitarbeiter von BBC waren überrascht, ich selbst war beim Telefonat mit dem kleinen Jungen überrascht, und der Löwe war später auch überrascht. Beim Wechsel der Ebenen war für den Hörer für jeweils einen kurzen Moment lang nicht klar, wer jetzt gerade überrascht ist und um welche Geschichte es gerade geht. Dies gestaltete den Wechsel im Aufmerksamkeitsfokus abrupter und erhöhte damit die Wahrscheinlichkeit für amnestische Phänomene.

Von Leipzig über BBC und Afghanistan zurück nach Leipzig

Eine alternative Variante der Verschachtelung könnte sich wie folgt anhören:

… und die Geräusche der Autos draußen … das Geräusch dieses Motorrades … starke Beschleunigung … und im eigenen Tempo mehr und mehr entspannen …

und diese Geschichte, dieses Märchen … erzählt damals … und wie wirkt dieses Märchen erzählt … auf Kinder … und wie auf Erwachsene … und wie auf das Kind im Erwachsenen … erzählt damals in Leipzig … als ich diese Geschichte in Leipzig erzählte … 1988 in Leipzig … einen Moment vergessen … Leipzig 88 etwas anderes als Leipzig 97 und Leipzig 88 anders als Heidelberg 88, oder München oder Westberlin 88 … und dieses eine Stichwort … und überraschend diese Anspannung in der Gruppe … der Gruppe in Leipzig … alle dachten: jetzt macht er Politik … gewohnt zwischen den Zeilen zu lesen … und damals 68 … in BBC … dieses wunderschöne Märchen im Kinderfunk … eine Überraschung bei BBC … Anrufe und Leserbriefe … oder besser gesagt Hörerbriefe … Anrufe und Briefe von Müttern … deren Kinder ein bestimmtes Problem nicht mehr hatten … überraschend … und wie wirkt diese Geschichte auf Kinder … und wie auf Erwachsene … und wie auf das Kind im Erwachsenen … diese Geschichte vom Löwen …

Der Übergang von der Löwengeschichte wieder zurück in die Verschachtelung wäre dann wie folgt:

und so kann er einfach, wie er morgens aufwacht … einfach das erste tun, was zu tun ist … ganz gelassen … er ist ganz überrascht über sich … er tut einfach das erste, was zu tun ist … es darf alles so sein, wie es ist … und es ist eine Überraschung für ihn … eine große Überraschung … Anrufe …

Leserbriefe oder besser gesagt Hörerbriefe … bei BBC … Mütter, deren Kinder ein bestimmtes Problem nicht mehr hatten … und welches Problem? … wie wirkt diese Geschichte auf Kinder … und wie auf Erwachsene … und wie auf das Kinder im Erwachsenen … Wirkungen von Geschichten … Wirkungen von Märchen … diesem Märchen aus Afghanistan … Märchen aus Afghanistan … sagte ich damals in Leipzig … und plötzlich eine Anspannung in der Gruppe … alle dachten, ich mache eine politische Anspielung … Sowjetunion und Afghanistan … Leipzig 88 etwas anderes als Leipzig 97 … Leipzig 88 anders als West-Berlin 88, oder München oder Heidelberg …

und dieses Motorrad … ob der Fahrer schon am Ziel ist … im eigenen Tempo … im eigenen Tempo mehr und mehr zurück …

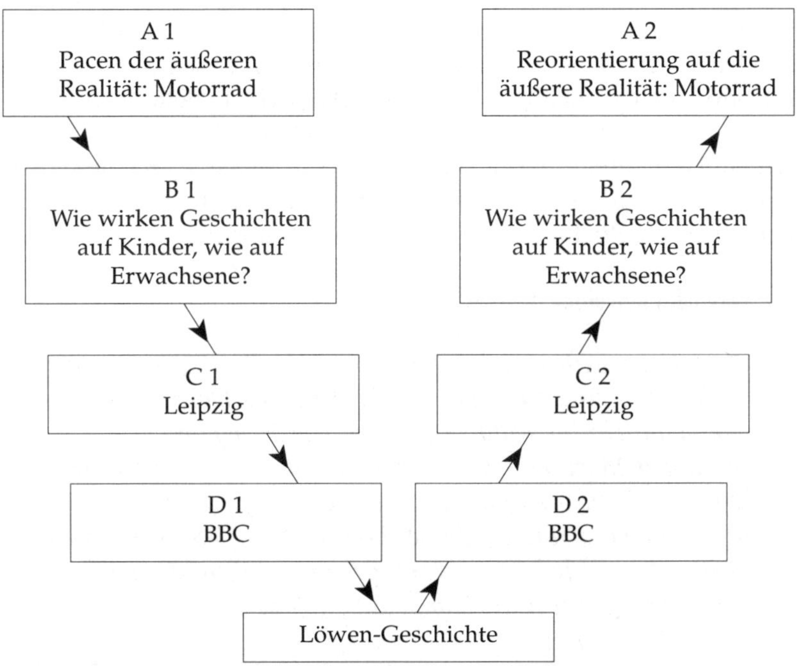

Schaubild 2

Wie bereits im Vorwort erwähnt, entnahm ich die Löwengeschichte einem englischen Buch über Sufismus. Die Sufis – die Mystiker des Islam – arbeiten sehr viel mit Geschichten, Bildern und Gleichnissen. Die Originalgeschichte ist recht kurz. Die in diesem Buch dargestellte Langform entstand in der Arbeit mit sehr vielen unterschiedlichen KlientInnen. Standardmäßig benutzte ich diese Geschichte im Rahmen des Selbsthypnosetrainings. Dabei variierte ich immer mal wieder die Grundgeschichte entsprechend individueller Bedürfnisse und therapeutischer Ziele der jeweiligen KlientInnen. Einige dieser Variationen erschienen mir so universell, daß ich sie als festen Bestandteil in die Geschichte aufnahm.

Es hat Vorteile, einige Geschichten immer wieder und häufig zu erzählen. Diejenigen, die Kinder haben und diesen abends über längere Zeit immer wieder dieselbe Geschichte erzählen mußten, werden wissen, was ich meine. Beim 30. Mal „Hänsel und Gretel" kann man schließlich ehemals ungeahnte dramaturgische Höhepunkte setzen. Man ist auf dem Hintergrund der perfekten Beherrschung des Märchens besser in der Lage, auf das nonverbale Verhalten der Kinder zu achten und an einigen Punkten dramatisch zu intensivieren oder auch leicht abzuschwächen. Die perfekte Beherrschung einer therapeutischen Grundgeschichte ermöglicht gleichermaßen, sich voll auf den individuellen Klienten einzustellen, maßgeschneiderte Modifikationen und Suggestionen einzustreuen und minimale nonverbale Rückmeldungen zu berücksichtigen.

Pacen des bewußten Denkens

a) die Geschichte von dem Löwen … und dieser Löwe wohnt im Wald … und auch da weiß das bewußte Denken, Löwen wohnen nicht im Wald … es ist eine Märchengeschichte … in diesem Märchen wohnt der Löwe im Wald … und diese wunderschöne orientalische Geschichte …
b) … und eines Tages geht der Löwe auf die Jagd … auch da weiß jede und jeder … Löwen gehen nicht auf die Jagd … eigentlich geht nur die Löwin auf die Jagd …

Die Geschichte beginnt mit dem Löwen, der im Wald wohnt. Löwen wohnen allerdings in der Realität selten im Wald. Genauso selten wie ein Löwe jagt. In Wirklichkeit jagt die Löwin. Darauf wurde ich einmal von einer Klientin nach der Hypnosesitzung hingewiesen: „Das war wieder einmal typisch Mann. Von wegen: der Löwe jagt. Die Löwin jagt, und der Löwe frißt ihr später das Beste weg, bevor sie ans Futter darf!“ Ähnlich hat auch einmal ein Klient sich über den Unsinn beklagt, daß ein Löwe im Wald wohnen soll.

Wenn ich von einem Klienten so ein Feedback bekomme, heißt das eventuell, daß sich bereits einige andere daran gestört haben, ohne etwas zu sagen. Ein Klient sagte mir: „Dieser Unsinn hat mich so gestört und beschäftigt, daß ich der weiteren Geschichte nicht mehr so recht zuhören und folgen konnte.“

Deswegen bevorzuge ich, eventuelle intellektuell-rationale Einwände eher vorab anzusprechen, anstatt sie störend wirken zu lassen. In unserer Fassung der Löwen-Geschichte spreche ich also an, daß Löwen eigentlich nicht im Wald wohnen und es sich um eine Märchengeschichte handelt. Später erwähne ich auch, daß eigentlich nicht der Löwe, sondern die Löwin jagt.

Für die große Mehrheit der KlientInnen ist dieses Vorgehen nicht so wichtig, und umgekehrt stört einige dann wieder dieses Ansprechen der bewußten Ebene. Letztere sind bereits innerlich vorbereitet und gespannt, die Geschichte zu hören, und wollen eigentlich diese Reorientierung auf die rationale Ebene nicht. Diese KlientInnen finden dann jedoch gerade wegen ihrer Bereitschaft, sich auf die Geschichte einzulassen, schnell wieder in die bildhafte Ebene der Geschichte zurück. Schneller jedenfalls als diejenigen, die Probleme mit unrichtigen „märchenhaften“ Sachverhalten haben und sich daran stören.

Indirekte Fokussierung von Aufmerksamkeit

... in diesem Wald, da ist es immer windig ... da ist dieses permanente Geräusch in diesem Wald ... und der Löwe hört dieses Geräusch und hört es nicht ...

... er wird immer konzentrierter, immer absorbierter, immer fokussierter .... mehr und mehr ... und mehr und mehr ... er hört den Wind und hört ihn nicht ... er riecht den Wald und riecht ihn nicht ... immer konzentrierter, immer absorbierter .... traumhaft sicher ... immer konzentrierter ... er sieht die Bäume und sieht sie nicht ... traumhaft sicher

läuft er zwischen den Bäumen ... absolut konzentriert ... auf sein Ziel ... anfangs spürt er noch den Körper ...

Der Löwe hört den Wind und hört ihn nicht, er riecht den Wald und riecht ihn nicht, usw. Hier wird ein Zustand hoher Fokussierung der Aufmerksamkeit angesprochen. In traditionellen Verfahren der Hypnoseinduktion findet Aufmerksamkeitsfokussierung über Fixation der Augen auf einen Punkt, z. B. eine Kristallkugel oder den Daumen des Hypnotiseurs, statt. Dazu können dann Formulierungen eingesetzt werden wie „... und sie hören nur meine Stimme, und nichts anderes hat eine Bedeutung, nur meine Stimme, sie hören nur meine Stimme ...". Milton Erickson hat psychologische Fixationsmethoden entwickelt, indem er z. B. Formulierungen benutzte, die Aufmerksamkeit und Spannung erzeugten. Steve Lankton berichtete in einem Workshop 1981 über seine erste Tranceerfahrung mit Erickson, daß dieser früh in der Hypnoseinduktion die folgenden Worte benutzte: „... und bevor ich dir etwas Interessantes aus deiner Kindheit erzähle." Dies habe in ihm eine Spannung erzeugt, weil Erickson über seine Kindheit eigentlich nichts wissen konnte. Kurz darauf hat Erickson dann über den für Kinder spannenden Prozeß des Lesen- und Schreibenlernens gesprochen, also etwas für jeden Gültiges, solange es sich nicht um einen Analphabeten handelt.

Im obigen Transkript der Löwen-Geschichte wird eine Mischung von verschiedenen mehr oder minder indirekten Fokussierungstechniken verwendet. Teilweise wird gesagt: „... der Löwe wird immer fokussierter und absorbierter ...", und über die Identifikation mit dem Löwen erfolgt beim Zuhörer eine erste Fokussierung.

Fokussierung der Aufmerksamkeit über Assoziationen an eigene Erinnerungen

... er hört den Wind und hört ihn nicht, er sieht die Bäume und sieht sie nicht ...

Die meisten von uns kennen den Zustand eines intensiven Gespräches, wenn man verliebt ist. Man sitzt beispielsweise seit längerem im Restaurant. Irgendwann kommt die Bedienung und macht einen vorsichtig und höflich darauf aufmerksam, daß man doch allmählich auch zahlen sollte. Wie aus einer anderen Welt auftauchend stellt man fest, daß die meisten Stühle schon auf den Tischen stehen, daß die anderen Gäste irgendwann wohl gegangen sein müssen und es etwas kühl im Lokal ist, weil vermutlich seit geraumer Zeit gelüftet wurde. Man hat also gehört und nicht gehört, gesehen und nicht gesehen und die aus den offenen Restaurantfenstern eindringende frische Luft gerochen und nicht gerochen.

Und das alles, ohne daß der Partner oder die Partnerin gesagt hat: „… und du hörst nur noch meine Stimme und nichts anderes."

Diese Zustände hoher Konzentration bei gleichzeitigem Zurück- oder Ausblenden der Außenrealität treten im Alltag häufiger auf als man gemeinhin annimmt. Manche rühren morgens im Kaffee und rühren und rühren und rühren und rühren … Es gibt eigentlich längst nichts mehr zu verrühren. Diese Menschen rühren eigentlich innerlich schon am Tagewerk. Die besonders Fortgeschrittenen haben dann bekanntlich jenes furchtbare Stechen im Auge – weil sie beim Trinken vergessen, den Löffel aus der Tasse zu nehmen.

Auch der Fernseher hat manchmal diese hypnoseinduzierende Fähigkeit. Vor einigen Jahren war in Italien das Endspiel der Fußballweltmeisterschaft. Ich saß vor dem Fernseher und war ganz ganz weit weg – in Rom, im Stadion. Von ganz ganz weit her hörte ich allmählich meine Frau, wie sie mich fragte: „Hörst du eigentlich das Telephon nicht?" So langsam kam ich wieder aus Rom zurück in das Wohnzimmer, und in der Tat, das Telefon klingelte ganz in meiner Nähe. Das Fußballspiel war gerade so spannend, und ich habe das Telefon gehört und nicht gehört. Ich war absolut konzentriert und fokussiert.

Hier in der Löwen-Geschichte wird über Formulierungen wie „… er hört den Wind und hört ihn nicht …" assoziativ an solche Zustände hoher Konzentration erinnert.

Zum Hören einer Geschichte und für viele psychotherapeutische Zwecke ist dieser hochkonzentrierte Zustand optimal. Man nimmt intensiver und unmittelbarer wahr. Man ist wie in der anderen Welt. Gerade bei so hochspannenden Fußballspielen, bei denen man das Telefon hört und nicht hört, geschieht es am ehesten, daß man körperlich sehr intensiv bei der Sache ist und sich dabei ertappt, wie man plötzlich das Bein „helfend" mitbewegt, wenn Rudi Völler bei einer großen Torchance gerade eben vorbeigrätscht.

Je intensiver dieser Zustand der Konzentration, desto intensiver wird dann auch die Geschichte erlebt.

Auch beim mentalen Training im Sport oder in der Rehabilitation von Lähmungen z. B. nach Schlaganfällen wird mit diesem Bewußtseinszustand gearbeitet (vgl. Trenkle 1994)].

Negative Halluzination

Als Begleiterscheinung dieser hohen Konzentration auf eine Sache tritt das Trancephänomen „negative Halluzination" auf.

Von positiver Halluzination spricht man, wenn jemand auf einer der Sinnesebenen „Sehen", „Hören", „Fühlen", „Riechen" oder „Schmecken" etwas wahrnimmt, was in der Realität nicht vorhanden ist. Von negativer Halluzination spricht man dagegen, wenn jemand etwas nicht wahrnimmt, was in der Realität da ist.

Durch Formulierungen wie „ ... er hört den Wind und hört ihn nicht, er sieht die Bäume und sieht sie nicht" etc. wird dieses Trancephänomen angebahnt und suggeriert.

Wortwörtlichkeit und genaues Formulieren

Ab einer gewissen Trancetiefe wird auf die Sprache des Hypnotiseurs wörtlich reagiert. Die Suggestion: „Ihre Hand wird leichter und wird sich langsam heben" führt dann eben nur zum Heben der Hand, auch wenn der Hypnotiseur eigentlich das Heben des Armes erwartet und intendiert.

Manche KlientInnen erreichten schon in diesem frühen Stadium der Tranceinduktion und Geschichte eine solche Trancetiefe, daß dieses wortwörtliche Reagieren gegeben war.

Meine Formulierung „der Löwe läuft durch die Bäume" wurde schon mit Unruhe beantwortet, und im späteren Feedback erfuhr ich, daß die Klientin unangenehme Bilder und Assoziationen und „Laternenpfahlerinnerungen" hatte. Schon die Formulierung „er sieht die Bäume und sieht sie nicht" hat in einigen Fällen zu solchen Effekten geführt. Deswegen ziehe ich Formulierungen der folgenden Art vor: „Er hört den Wald und hört ihn nicht, er spürt den Körper und spürt ihn nicht, traumhaft sicher läuft er zwischen den Bäumen und er sieht die Bäume und sieht sie nicht."

An der zentralen Stelle der Geschichte, an der der Löwe endlich losläßt und den Kopf in das Wasser taucht, ist mir ein anderes Mal unabsichtlich eine ähnlich ungewollte Demonstration des wortwörtlichen Reagierens gelungen. Ich sagte an dieser Stelle: „... und der Löwe sagte sich ‚Löwe hin und Löwe her.' Er steckte den Kopf ins

Wasser und er trinkt." Der Klient hörte jedoch: „und ertrinkt", was eine wenig hilfreiche Assoziation für das an dieser Stelle angestrebte Loslassen war. Deshalb eignen sich Formulierungen wie „er taucht den Kopf ins Wasser und er schlürft dieses köstliche Wasser". Gelegentlich nutze ich hier auch die Technik der eingestreuten Suggestion, auf die ich später noch näher eingehen werde: „Er taucht den Kopf ins Wasser – trinkt/trinkt dieses köstliche Wasser." Nach dem ersten Teil des Satzes kommt eine kleine Pause, und der zweite Teil des Satzes wird suggestiv wie ein leiser Befehl gesprochen.

Aus dem Arbeiten mit Hypnose ergeben sich zwangsläufig immer wieder solche Gelegenheiten, über versteckte Botschaften oder ungewollte suggestive Implikationen in der eigenen Sprache zu reflektieren.

Nebenbei bemerkt, werden im gesamten ärztlich-klinischen Bereich tagtäglich unzählige ungewollte und unbemerkte Suggestionen gegeben, die für die Heilung oder das Wohlbefinden der Patienten hilfreich, aber leider auch oft kontraproduktiv sind. So erzählte eine Psychotherapie-Klientin, daß sie vor vielen Jahren die Diagnose Multiple Sklerose erhalten habe. Bei ihrem ersten Nachuntersuchungstermin habe sie eine Krankenschwester überrascht mit dem Satz begrüßt: „Was? Sie laufen immer noch?". Zur Ergänzung erzählte die Schwester dann noch die Geschichte einer anderen MS-Patientin, die schon zum zweiten Termin im Rollstuhl gekommen sei. Das habe sie Jahre lang enorm beunruhigt, Krankheitssymptome verursacht und schließlich auch negative Auswirken auf die Familie gehabt. Erst viele Jahre später habe ein darauf spezialisierter Arzt die MS-Diagnose definitiv ausgeschlossen, Symptome verschwanden und das Allgemeinbefinden besserte sich wieder. Auch das Hereintragen der Nierenschale in das Zimmer eines Krebspatienten mit Chemotherapie-Behandlung kann als suggestiver Akt in Richtung Übelkeit verstanden werden. Formulierungen wie „Halten Sie es noch aus?" oder „Haben Sie noch keine Schmerzen?" sind ungewollte Suggestionen, die in den meisten Fällen nicht sehr hilfreich sind.

Eigentlich müßte das Thema „Suggestion" zur ärztlichen und auch pflegerischen Grundausbildung gehören. Schon ein minimales Kommunikationstraining könnte das Klima in klinischen Kontexten entscheidend verbessern. Reinhard Weber, ein Diplom-Psychologe, der für die Fortbildung der Mitarbeiter eines großen Klinikums verantwortlich ist, sagte einmal, daß in Deutschland die Staubsaugervertreter ein weitaus besseres und aufwendigeres Kommunikationstraining bekommen als die Ärzte und Pflegekräfte eines Krankenhauses.

Das Konzept „Seeding"

„Seeding" bedeutet auf deutsch Säen. Diesen Begriff hat Jay Haley geprägt, um einen Teilaspekt der hypnotherapeutischen Vorgehensweise von Milton Erickson zu benennen. „Säen" bedeutet, daß alles, was zu einem späteren Zeitpunkt als Trancephänomen oder therapeutisches Ziel angestrebt ist, schon früh vorbereitend in der Kommunikation angedeutet und vorbereitet wird. Es wird sozusagen die Saat ausgebracht, die später geerntet werden soll. Wenn zum Beispiel eine Altersregression induziert werden soll, können im Sinne des „Seeding"-Konzeptes schon früh in der Tranceinduktion Worte und Formulierungen eingestreut werden wie „früher", „und damals", „kindliche Erinnerungen", „in Trance gehen und tief entspannen ist wie das sichere Gefühl, wenn man sich erinnert, an der Hand der Mutter oder des Vaters zu gehen ...".

Jeff Zeig (1988) hat sich ausgiebig mit diesen Ansätzen beschäftigt und Parallelen zum sozialpsychologischen Konzept des *Priming* gezogen.

> *dieses Wasserloch ... mit diesem unglaublich frischen Wasser ... aber da es in diesem Wald immer windet, ist das Wasser immer in Wellen ... und nie spiegelt sich was in diesem Wasser ...*

Im Rahmen der Löwengeschichte – übrigens schon in der Originalgeschichte – findet sich ein Beispiel für die Anwendung dieses Konzepts in der Formulierung „... und nie spiegelt sich was in diesem Wasser". Das Thema „Spiegel und Spiegelbild" wird früh in der Geschichte eingebracht und bereitet den zentralen Höhepunkt der Geschichte vor – das Zurückschrecken vor sich selbst und dem eigenen Spiegelbild bzw. das spätere Sicheinlassen und Loslassen.

Ich hatte wenige Klienten, die trotz dieser Vorbereitung nicht erkannten, daß der Löwe sich selbst sieht, bzw. daß es sich um das eigene Spiegelbild handelt. Diese Klienten gingen von zwei verschiedenen Löwen aus. Einerseits ist dies eine legitime individuelle

Interpretation, die dazu natürlich auch psychodiagnostisch interessant sein kann. Andererseits wird die zentrale Botschaft der Geschichte so nicht erfaßt. Wenn dieses Seeding am Anfang, „und nie spiegelt sich etwas in diesem Wasser", fehlen würde, würden vermutlich wesentlich mehr Klienten in eine andere als diese gewünschte Hauptrichtung assoziieren bzw. sich erst nach einer Phase der Konfusion und des Zweifels mit dem eigenen Spiegelbild beschäftigen.

Das frühe Einführen des Themas „Spiegel" erhöht so die Wirksamkeit des zentralen Elementes der Originalgeschichte.

Wiederholung von Suggestionen in Richtung hohe Fokussierung der Aufmerksamkeit

irgendwann läuft er aus dem Wald raus ... in die Wüste ... und da ist die Sonne und da ist es warm, aber er spürt die Hitze und spürt sie nicht ... er hört die anderen Geräusche in der Wüste und hört sie nicht ... er sieht die Tiere und sieht sie nicht ... er ist nur konzentiert auf sein Ziel ... er riecht die Wüste und riecht sie nicht ... er spürt seinen Körper und spürt ihn nicht ...

Hier wiederholen sich die Suggestionen in Richtung hoher Fokussierung der Aufmerksamkeit und in Richtung negativer Halluzinationen.

In alten Transkripten von Tranceinduktionen Milton Ericksons gibt es eine hohe Anzahl von Wiederholungen derselben Suggestion. In späteren Jahren hat Erickson auf diese Wiederholungen verzichtet und das Prinzip der Nichtwiederholung als einen seiner wichtigsten Beiträge zu einer modernen Hypnose betrachtet.

John F. Kennedy hat seinen berühmten Satz „Ich bin ein Berliner" nicht mehrfach wiederholen müssen, und doch hat er sich – auch auf Grund der besonderen politischen Situation jener Zeit – tief ins Bewußtsein und die Erinnerung von Millionen Menschen eingegraben. Solange sich ein Klient in bezug auf sein Leben nicht in einer besonderen historischen Situation befindet und solange ich die ausgefeilte Beherrschung hypnotischer Sprachmuster, die immense Berufserfahrung plus den Nimbus eines Milton Erickson nicht besitze, erscheinen mir gelegentliche vertiefende Wiederholungen sinnvoll. Dies gilt vor allem für Wiederholungen in Richtung hoher Fokussierung der Aufmerksamkeit. Diese hohe Fokussierung der Aufmerksamkeit bedeutet im übrigen ein „künstliches" Annähern an eine Bewußtseinssituation, die einer „besonderen historischen Lebenssituation" entspricht. Dieser Bewußtseinszustand ist für die Therapie von Vorteil.

Eingestreute Suggestion

> *... er riecht die Wüste und riecht sie nicht ... er spürt seinen Körper und spürt ihn nicht ... aber irgendwann ... irgendwann* ***„kommen sie zurück ... sie kommen zurück ... sie kommen zurück"*** *seine Bedürfnisse ... er hat Durst ... er hat wirklich Durst ... schrecklich Durst ... das lange Jagen, die Hitze in der Wüste ... die trockene Luft ... Durst ... und ist weit weg von seinem Wasserloch ... er kann natürlich zurücklaufen an sein Wasser ... er hat genügend Reserven ... aber er hat jetzt Durst ... Löwen können riechen ... Wasser riechen ... und da hat es Wasser, ganz in der Nähe ... frisches Wasser ... und Durst und dieses Wasser riechen*

Im unmittelbaren Anschluß an die gerade beschriebenen Wiederholungssuggestionen wird über die Technik der eingestreuten Suggestion eine Reorientierungsreaktion bei den Zuhörern eingeleitet. Die fettgedruckte Passage **kommen sie zurück ... sie kommen zurück ... sie kommen zurück,** wird in einem leicht veränderten Tonfall suggestiv gesprochen. In den meisten Fällen lege ich nach diesen eingestreuten Suggestionen eine kleine Pause ein, die bei den Zuhörern den Druck in Richtung Reorientierung verstärkt. Meistens beginnen sich die Zuhörer leicht zu bewegen, oder die Augenlider bewegen sich wie in der Vorbereitungsphase zum Aufwachen.

Die Technik der eingestreuten Suggestion ist von Erickson entwickelt worden (Erickson 1966). Eine der Fallschilderungen mit dieser Technik ist unter dem Stichwort „Tomatenpflanze" bekannt. Joe war Florist und begeisterter Pflanzenkenner und -liebhaber. Er war an Krebs erkrankt und hatte sehr starke Schmerzen, bei denen Schmerzmedikamente sich als nicht sehr nützlich erwiesen. Der Patient hatte schon gegen das Wort Hypnose eine Abneigung, außerdem hatte er einen Sohn, der Psychiater und gegen Hypnose eingestellt war. Joes Frau fragte Erickson, ob er nichts für ihren Mann tun könne. Erickson baute also die Suggestionen in einen zunehmend hypnotisch werdenden Monolog über Pflanzen ein. Das folgende ist ein Teiltranskript. Die ausführliche Fallschilderung findet sich in Band V der Gesammelten Schriften von Milton Erickson (Erickson im Druck).

„Joe, ich möchte gerne mit Ihnen reden. Ich weiß, daß Sie Blumenhändler sind, daß Sie Blumen züchten, und ich bin auf einem Bauernhof in Wisconsin aufgewachsen und habe auch gerne Blumen gezüchtet. Ich mach' das immer noch gern. Deshalb möchte ich, daß Sie sich in diesen bequemen Sessel setzen, während ich mit Ihnen rede. Ich werde Ihnen eine Menge Dinge erzählen, allerdings nicht über Blumen, da Sie über Blumen viel mehr wissen als ich. *Das ist es nicht, was Sie wollen.* Nun, während ich spreche, und ich kann das *in aller Ruhe,* möchte ich, daß Sie *mir in aller Ruhe zuhören,* während ich über eine Tomatenpflanze rede. Darüber zu reden ist ja eine komische Sache. Das macht einen *neugierig. Weshalb über eine Tomatenpflanze reden?* Man steckt einen Tomatensamen in die Erde. Man *kann Hoffnung spüren,* daß er zu einer Tomatenpflanze heranwachsen wird, die aufgrund ihrer Frucht *Zufriedenheit* bringen wird. Der Samen saugt das Wasser auf, *das bedeutet keine große Schwierigkeit,* denn der Regen bringt *Frieden und Wohlbefinden* und die Freude, daß er zu Blüten und Tomaten heranwächst. Dieser kleine Samen, Joe, schwillt langsam an, treibt eine kleine Wurzelfaser mit Zilien dran, Sie wissen vielleicht nicht, was Zilien sind, aber Zilien sind *Dinge, die wirken,* um der Tomatenpflanze beim Wachsen zu helfen, sie als sprießende Pflanze an die Oberfläche zu drücken, und *Sie können mir zuhören,* Joe, also rede ich weiter, *und Sie können weiter zuhören und sich wundern, einfach wundern, was Sie wirklich lernen können,* und hier ist Ihr Bleistift und Ihr Block, um jedoch von der Tomatenpflanze zu sprechen, sie wächst so langsam. *Sie können nicht sehen,* wie sie wächst, *Sie können nicht hören,* wie sie wächst, dennoch wächst sie – die ersten kleinen blattartigen Dinge am Stengel, die feinen Härchen auf dem Stiel, diese Haare sind auch auf den Blättern, wie die Zilien an den Wurzeln, so kann die Tomatenpflanze *sich sehr gut fühlen, sehr wohl fühlen,* wenn man sich vorstellen kann, daß eine Pflanze fühlen kann, *und dann können Sie nicht sehen,* wie sie wächst, *Sie kön-*

nen nicht fühlen, wie sie wächst, aber an dem Tomatenstengel erscheint ein weiteres Blatt und dann noch eins. Vielleicht, mit den Worten eines Kindes gesprochen, vielleicht *kann* sich die Tomatenpflanze beim Wachsen tatsächlich *wohlfühlen und friedlich fühlen.* Jeden Tag wächst sie und wächst und wächst, *es ist so angenehm, Joe,* eine Pflanze wachsen zu sehen und ihr Wachstum *nicht zu sehen, es nicht zu fühlen,* sondern einfach zu wissen: *alles wird besser* mit dieser kleinen Tomatenpflanze, die noch ein weiteres Blatt erhält und noch eins und einen Zweig, und sie *kann angenehm wachsen* in alle Richtungen [...].

Und bald wird die Tomatenpflanze irgendwo eine Knospe haben, auf dem einen oder anderen Zweig, das macht jedoch keinen Unterschied, denn alle Zweige, die ganze Tomatenpflanze wird bald diese schönen kleinen Knospen haben – ich frage mich, ob Tomatenpflanzen *wirklich fühlen, Joe, eine Art von Wohlgefühl spüren.* Sie wissen, Joe, eine Pflanze ist etwas Wunderbares, und *es ist so angenehm, so erfreulich,* wenn man in der Lage ist, über eine Pflanze so zu denken, als wäre sie ein Mensch. Ob solche Pflanzen *angenehme Gefühle haben, ein Gefühl des Wohlbefindens,* wenn sich die winzig kleinen Tomaten zu formen beginnen, so winzig, dennoch so *voller Versprechen, so spüren Sie den Wunsch auf Essen,* eine köstliche Tomate, sonnengereift, es ist so *angenehm, wenn Sie Essen im Magen haben,* dieses wunderbare Gefühl, das Kinder, durstige Kinder haben, und, Joe, *Sie können etwas trinken wollen,* so eine Tomatenpflanze, wenn der Regen fällt und alles benetzt, und alles kann sich wohlfühlen. (Pause) *Sie wissen, Joe,* daß eine Tomatenpflanze einfach jeden Tag üppig gedeiht, *einfach Tag für Tag.*"

An der Universität Hamburg wurden von Hoppe empirische Untersuchungen an Patienten mit chronischen Schmerzen durchgeführt, um herauszufinden, inwieweit diese eingestreuten Suggestionen wirksam sind. Die Wirksamkeit konnte dabei nachgewiesen werden. (Hoppe 1985; Hoppe u. Winderl 1986). Auf ähnliche Art wie im obigen Fallbeispiel mit Joe wurden die Suggestionen in einen Text über Heizungstechnik, Kachelöfen usw. eingearbeitet.

Fraktionierung und Vertiefung

Diese angedeutete Reorientierungsreaktion entspricht einer Fraktionierung der Tranceinduktion. Den Zuhörern ist es klar, daß die

Geschichte hier nicht zu Ende ist, und trotzdem werden sie zur Reorientierung aufgefordert. Es besteht zu diesem Zeitpunkt in der Regel kein Interesse und keine innere Bereitschaft zurückzukommen. Man möchte die Geschichte weiterhören und den sich entwikkelnden entspannten Zustand genießen. Die Fortsetzung der Geschichte wird deshalb bereitwillig zur Kenntnis genommen. Die Vertiefung einer sich entwickelnden Trance erfolgt bei einer fraktionierten Tranceinduktion leichter und schneller als bei einer kontinuierlichen. Dies gilt vor allem bei Menschen, die Schwierigkeiten haben, sich ein- und loszulassen. Oft haben diese Klienten aufgrund lebensgeschichtlicher Erlebnisse gute Gründe, sich nicht so schnell einzulassen. Zum Beispiel, wenn ihnen physische oder sexuelle Gewalt angetan wurde. Diese Klienten wollen zwar oft „loslassen", versuchen das aber ebensooft ebenfalls „mit Gewalt" und mit dem Kopf durch die Wand.

Wie ich schon weiter oben erwähnte, sagte eine 31 Jahre alte Klientin im Erstgespräch: „Wenn Sie mich mit Hypnose ‚knacken' können, dann kann ich mich wieder auf Beziehungen zu Männern einlassen." Seit dem 18. Lebensjahr hatte sie keine feste Beziehung mehr zu einem Mann. Sie hatte wirklich gute lebensgeschichtlich bedingte Gründe, sich nicht vertrauensseelig auf Männer einzulassen. Ich lehnte es ab, mich auf diesen „gewaltigen" Auftrag einzulassen. Allerdings stimmte ich ihr zu, daß ihr Gefühl wohl richtig sei: Wenn sie sich auf die Hypnose einlassen könnte und da loslassen könnte, würde dies auch Implikationen für ihre Fähigkeiten haben, sich an anderer Stelle wieder ein- und loszulassen. Bei der Induktion zeigte sich, daß sie schon sehr früh panische Kontrollverlustgefühle bekam. „Hören Sie auf, sonst lauf' ich Ihnen davon!", war eine ihrer Formulierungen. Ich antwortete, daß ich das erwartet hätte, jedoch nicht so früh und nicht so massiv, und deshalb wäre die Idee mit dem „Knacken" auch nicht zu ihrem Wohle. Anschließend wandte ich eine stark fraktionierte Induktionstechnik an. In sehr kurzen Abständen unterbrach ich die Tranceinduktion und fragte jeweils, ob es noch ginge und ob wir vielleicht doch noch zu schnell und zu wenig behutsam vorgingen. Ich versuchte wesentlich vorsichtiger und behutsamer zu sein, als ihr Schutzbedürfnis es verlangte. Sie wurde dann zeitweise eher auf gesunde Art ungeduldig und vermittelte: „Ein ganz so rohes Ei bin ich jetzt auch wieder nicht. Machen Sie doch bitte mal etwas länger." Zunehmend konnte sie sich länger und komfortabler auf tiefere Entspannungszustände einlassen. Wie ich später erfuhr, begann sie im unmittelbaren Anschluß an die Therapie eine Beziehung zu einem Mann, die annähernd 10 Jahre bestand.

Hier in der Löwengeschichte wurde diese Fraktionierungstechnik über die eingestreute Aufforderung „Sie kommen zurück“ angedeutet. Da zu diesem Zeitpunkt keine innere Bereitschaft zur Reorientierung besteht und die Motivation auf Weitermachen gerichtet ist, ist die Bereitschaft erhöht,die unmittelbar nachfolgenden Suggestionen auszuführen.

Die nachfolgende Suggestion lautet „Durst“. Diese Passage hat folgenden Wortlaut:

> *sie kommen zurück ... sie kommen zurück, seine Bedürfnisse ... er hat Durst ... er hat wirklich Durst ... schrecklich Durst ... das lange Jagen, die Hitze in der Wüste ... die trockene Luft ... Durst*

Die Zuhörer beginnen kurz danach oft zu schlucken, die Lippen zu bewegen oder fahren sich mit der Zunge über die Lippen. Von einigen Klienten habe ich beim späteren Feedback gehört, daß dieses Durstgefühl und die damit verbundene Reaktion des Körpers wie trockener Mund oder ein Schlucken als überraschend erlebt wurde. Vielen wurde erst in diesem Moment klar, daß sie in einem veränderten Zustand sind und unmittelbar auf die Bilder und Suggestionen der Geschichte reagieren. Man spricht deshalb hier auch von der *Ratifikation* der Trance.

Ratifikation für Klienten

Die Ratifikation dient dazu, daß der Klient auch auf bewußter Ebene mitbekommt und anerkennt, daß ein veränderter Bewußtseinszustand vorliegt. Eine weitere Ratifikation findet oft am Schluß einer Trancearbeit statt. Ericksons bevorzugte Methode der Tranceratifikation war die Armlevitation. Der Klient wurde dazu aus der Hypnose reorientiert, jedoch aufgefordert, daß der Arm kataleptisch in Trance bleibt. Der Klient kommt zurück, ist wach und reorientiert, hat jedoch keine Kontrolle über seinen unbeweglichen Arm. Dadurch ist es offensichtlich, daß irgend etwas anders als üblich ist. Meine bevorzugte Methode der Tranceratifikation am Ende einer

Sitzung ist das Erleben von Zeitverzerrung. Unmittelbar nach der Reorientierung stelle ich die Frage, wie lange die Hypnosesitzung gedauert habe. Auf die Uhr zu schauen ist dabei natürlich nicht erlaubt. Die Klienten nennen dann eine Minutenzahl, und ich frage, wieviel Uhr es dann sein müsse. Der Klient rechnet dann: „Um 17 Uhr begann meine Stunde, wir haben relativ schnell, um 17 Uhr 15, mit der Hypnose begonnen. Also muß es jetzt so 17 Uhr 25 sein." Wenn er dann auf die Uhr schaut und es ist schon 17 Uhr 50, ist eine wirksame Ratifikation der Hypnose gegeben. Üblicherweise schließe ich dann an: „Es ist doch etwas mehr geschehen, als Sie bewußt wahrgenommen haben. Achten Sie bitte die nächsten Tage bis zur nächsten Sitzung auf positive Veränderungen und berichten Sie das nächste Mal darüber."

Die Klienten schätzen eine 30minütige Sitzung häufig nur auf eine Dauer von 10 bis 15 Minuten. Manchmal werden jedoch auch 70 Minuten als fünf Minuten oder 50 Minuten als nur zwei Minuten wahrgenommen.

Ohne Ratifikation kann bei einigen Klienten die positive Erwartungshaltung hinsichtlich einer möglichen Änderung fehlen. Die Inhalte der therapeutischen Bilder und Suggestionen sowie die dazu ablaufenden assoziativen inneren Prozesse auf seiten der Klienten können zwar trotzdem Änderungswirkung entfalten. Wenn jedoch der Klient mit seinem bewußten Denken die Einstellung hat, daß das, was er erlebt hat, keine wirkliche Hypnose war und sich deshalb auch nichts ändern kann, dann ist dies keine gute Grundvoraussetzung für den therapeutischen Prozeß. Ein Klient mit Schlafstörungen würde dann eben wie gewohnt seine Schlafmedikamente einnehmen, weil es ja diesmal noch keine Hypnose war und sich deswegen auch nichts verändert haben kann. Ist die Trance jedoch ratifiziert, verzichtet er eventuell auf die Medikamente, unterbricht damit das Muster, mit dem er die Schlaflosigkeit lange aufrechterhalten hat, und gibt neuen Entwicklungen und auch den therapeutischen Bildern, Suggestionen und Veränderungsvorschlägen eine Chance. Das gesamte Klima für Veränderungen ist dadurch günstiger.

Ratifikation für den Therapeuten

Diese zuerst beschriebene Zwischenratifikation ist jedoch auch für den Therapeuten wichtig. Mit der beschriebenen Technik der eingestreuten Suggestion wird nacheinander eine Reorientierung herbeigeführt, dann Durst suggeriert und etwas später aufgefordert, Wasser zu riechen.

> *sie kommen zurück ... sie kommen zurück, seine Bedürfnisse ... er hat Durst ... er hat wirklich Durst ... schrecklich Durst ... das lange Jagen, die Hitze in der Wüste ... die trockene Luft ... Durst ... und ist weit weg von seinem Wasserloch ... er kann natürlich zurücklaufen an sein Wasser ... er hat genügend Reserven ... aber er hat jetzt Durst ... Löwen können riechen ... Wasser riechen ... und da gibt es Wasser, ganz in der Nähe ... frisches Wasser ... und Durst und dieses Wasser riechen*

Hier beobachtet der Therapeut sorgfältig, ob mit der für Trancezustände typischen zeitlichen Verzögerung eine Reaktion erfolgt.

Die für die Reorientierung typischen Bewegungen, das Schlukken oder Bewegungen der Lippen als Folge der Durstsuggestionen wurden schon erwähnt. Auf die Aufforderung hin, zu riechen, folgt in der Regel ein stärkeres Einatmen und häufig ein Bewegen der Nasenflügel. Damit kann der Therapeut feststellen, ob der Klient den indirekten Suggestionen folgt. Es macht ja keinen Sinn, sich an der Indirektheit der eigenen Suggestionen zu ergötzen, während der Klient überhaupt nicht darauf reagiert. Der Klient soll sich mit der Figur des Löwen identifizieren. Wenn der Löwe Durst hat oder Wasser riecht, sollte diese Identifikation z.B über Schlucken oder Bewegungen der Nasenflügel sichtbar werden. Dieses Ratifizieren ist also so etwas wie das Austesten und Überprüfen des hypnotischen Rapports. Anschließend kommen dann die therapeutisch relevanten Botschaften. Wenn der Klient hier nicht mit der Geschichte und seiner Hauptfigur identifiziert ist, dann ist es auch unsicher, inwieweit er auf die nachfolgenden therapeutischen Botschaften in der Geschichte reagieren wird.

Ein weiteres Beispiel für eine Zwischenratifizierung

Eine 51 Jahre alte Schmerzpatientin mit chronischer Trigeminus-Neuralgie kam zu mir in Therapie, um mittels Selbsthypnose ihre teilweise mörderischen Schmerzen lindern zu lernen. Nach kurzer

Zeit hatte ich stark den Eindruck, daß sie die Schmerzen unbewußt zur Selbstbestrafung einsetzte. Die biographische Anamnese zeigte, daß sie in ihrer Familie schon früh als „schwarzes Schaf" galt. Diese Sündenbockrolle wurde durch aktuelle Telefonanrufe und Interaktionen von seiten der Herkunftsfamilie ständig aufrechterhalten und verfestigt. Die Patientin hatte diese negative Sicht von sich selbst bereits stark verinnerlicht. Eine der therapeutischen Gegenmaßnahmen bestand in einer Hypnosesitzung, mit der der Patientin über eine Altersregression vermittelt werden sollte, daß sie einmal ein kleines und unschuldiges Baby war und noch keine Ahnung von schlechtem Gewissen und all diesen folgenden Demütigungen und Abwertungen hatte. Im Rahmen der Induktion der Altersregression sprach ich schließlich über kleine Babies und deren harten Griff, wenn sie Hunger haben. Wenn diese Babies sich satt getrunken haben, lassen sie los, lassen die Arme fallen und versinken von einem Moment auf den anderen in einen tiefen Schlaf. Während der Tranceinduktionen hatte die Klientin in der Regel beide Hände schützend vor ihrer schmerzenden Wange.

Als ich mit der Technik der eingestreuten Suggestion sagte:

> *und so sind die kleinen Kinder ... von einem Moment auf den anderen ... **sie lassen die Arme fallen ... die Arme fallen***

ließ die Patientin total entspannt beide Arme fallen.

Für mich war dies eine Ratifikation. Ich wußte, sie hat sich mit den kleinen Kindern identifiziert und reagiert auf die indirekten Suggestionen. Danach konnte ich beginnen, ihr mit Hilfe von Bildern, Geschichten, Symbolen, Suggestionen und Wecken von frühen Erinnerungen an eine Zeit der Unbelastetheit eine Schuldentlastung anzubieten.

Auch für die Patientin war es an dieser Stelle eine Ratifikation des hypnotischen Zustandes. Das bewußte reflektierende Denken beobachtet auch im dissoziierten Zustand das Geschehen weiter. Selbst wenn die Patientin anschließend eine Amnesie für das Gesamtgeschehen hat, so ist aktuell das Bewußtsein auch während einer Hypnose dieser Art aktiv und beteiligt. Aus dem anschließenden Feedback mancher Klienten weiß ich, daß sie solche Ratifikationen auf bewußter Ebene als Überraschung der folgenden Art erleben: „Aha, ich bin ja in Trance, ich reagiere ja darauf." Diese Ratifikation fördert in der Regel die Motivation und vertieft die anschließende Arbeit.

Zur Technik der „Ja-Haltung"

In einer Einzelsitzung kann der Therapeut zu Zwecken der Ratifizierung und Vertiefung auch die Technik der „Ja-Haltung" anwenden. Hier werden dem Klienten drei oder vier Dinge widergespiegelt, die schlichtweg gegeben sind: „... und während ... Sie diese Geschichte hören ... hat sich Ihr Atemrhythmus verändert ... Ihr Lidschlagreflex verändert ... der Kopf ist leicht nach vorne gesunken ... soeben ein leichtes Schlucken ... und dabei können Sie tiefer und tiefer entspannen ..." Es werden einfach einige Sachverhalte angesprochen, bei denen man unwillkürlich zustimmt und nickt, und dann kommt anschließend die Suggestion. Die Suggestion gehört eigentlich in eine andere logische Kategorie. Da man jedoch bereits vier- oder fünfmal innerlich zustimmend genickt hat, akzeptiert man viel leichter die nachfolgende Suggestion. Das ist ein Grundmuster effizienter hypnotischer und nichthypnotischer Kommunikation. Jeder gute Autoverkäufer wendet dieses Muster an: „Ihre Kinder sind unterdessen größer, über Sicherheit im Auto denkt man heute ganz anders als früher, Sie haben einen großen Hund, Sie haben einen Wohnwagen, und da würde ich Ihnen doch das größere Modell empfehlen ..."

Auch in therapeutischen Situationen aller Art ist diese Technik sehr hilfreich und wirksam. Ich verwende dieses Kommunikationsmuster häufig in Schlußkommentaren von Familientherapiesitzungen oder zur Vorbereitung von Hausaufgaben.

Zum Beispiel: „Ihr Sohn stottert seit dem dritten Lebensjahr. Sie machen sich große Sorgen. Sie waren schon bei zwei Logopädinnen. Die Einschulung steht in wenigen Monaten bevor. Sie sorgen sich wegen etwaiger Hänseleien. Zeit gibt es da keine zu verlieren, und deswegen schlage ich Ihnen als Hausaufgabe vor ..." Dasselbe Muster kann auch im ärztlichen Gespräch sinnvoll eingesetzt werden: „Die Symptome sind typisch. Sie haben Fieber. Sie haben Schluckbeschwerden und auch alle anderen Symptome haben Sie selbst richtig zugeordnet. Sie haben Zweifel und Bedenken, Penicillin zu nehmen. Diese Zweifel sind in vielen Fällen berechtigt. In Ihrem Fall jedoch würde ich, wie schon gesagt, empfehlen ..."

Dieses Kommunikationsmuster verstehe ich auch als Möglichkeit, zu überprüfen, ob ich verstanden habe, wo der Klient steht und welche Einstellungen er hat. Nur wenn ich den Klienten da abhole, wo er sich befindet, wird er mir innerlich nickend zustimmen und dann die Suggestion annehmen. Diese Technik kann wie jedes andere mächtige Mittel sowohl zu therapeutischen Zwecken als auch manipulativ eingesetzt werden. Dennoch – die manipulativen Möglichkeiten haben auch Grenzen. Vielleicht nickt man im ersten Moment und stimmt zu. Anschließend kann und wird diese Zustimmung oft auch korrigiert. Nicht umsonst wurde aus Verbraucherschutzgründen für viele Geschäfte eine, Rücktrittsrecht innerhalb einer Woche eingeführt. Die Grenzen dieser Technik mußte ich früh erfahren. Das zeigt die folgende Episode.

Was macht der Uhu am Tage – Schlafen?

Meine Tochter Alexandra war etwa zwei Jahre alt. Zum täglichen Einschlafritual gehört neben Singen ein abschließendes Fragespiel:

Frage von Papa	Antwort von Tochter
Was macht abends die Kuh im Stall?	Schlafen.
Was macht der Hund am Abend?	Schlafen.
Was macht jetzt die Natalie?	Schlafen.
Was macht die Urseltante?	Schlafen.
Was macht die Oma in Baden-Baden?	Schlafen.
Was macht die Oma in Denzlingen?	Schlafen.

Jedesmal erfolgt die gleichförmige Antwort „Schlafen“. Höhepunkt, krönender Abschluß mit anschließendem Verlöschen aller Lichter im Kinderzimmer war immer die Frage: „Was macht der Uhu am Tage?“, und auch da war die Antwort immer: „Schlafen“.

Wir waren in Frankreich im Sommerurlaub und meine Schwägerin und Tante meiner Tochter war zufällig in der Nähe und besuchte uns an einem Abend. Bald war Zeit, um Alexandra ins Bett zu bringen. Sie wollte nicht und sagte „Nein, spielen“. Es war offensichtlich, daß sie wegen des Besuches der Tante nicht ins Bett wollte. Trotzdem bestand ich darauf, daß es jetzt Zeit sei. Ausziehen, Schlafanzug anziehen, usw. – alles ging völlig problemlos. Dann begann das gewohnte Ritual mit den bekannten Liedern und Geschichten. Abschließend die Serie von Fragen „Und was macht die

Kuh im Stall? Und was macht der Hund denn am Abend? usw. Jedesmal kam die Antwort „Schlafen". Mit einer gewissen Zufriedenheit arbeitete ich auf den Höhepunkt der Geschichte mit damit verbundener Befreiung von elterlichen Pflichten hin: „Und was macht der Uhu am Tage?

„Spielen" antwortete meine Tochter. Ich mußte schallend lachen und hatte das Gefühl: „Alexandra, du hast gewonnen." Ich holte sie wieder aus dem Kinderbett und ließ sie spielen, solange sie wollte.

Exkurs: Kontextabhängigkeit mächtiger Techniken

Diese hypnotischen Sprachmuster wirken in Kontexten, die als Hypnose definiert sind, außerordentlich mächtig. Angenommen ich spreche als Hypnotherapeut im Therapieraum in getragener und bedeutungsschwerer Weise zu einem Klienten: „Ich bin neugierig ... weder Ihr bewußtes Denken ... noch mein bewußtes Denken weiß ... und in diesem Fall nicht einmal mein unbewußtes Denken weiß ... wird sich Ihr rechter Arm heben ... oder wird sich Ihr linker Arm heben ... weder mein Bewußtes weiß noch ihr Bewußtes weiß ... nur Ihr unbewußtes Denken weiß ... wird zuerst die linke Hand leichter ... oder wird zuerst die rechte Hand leichter ... wir müssen warten ... welche Entscheidung fällt Ihr Unbewußtes ..." Im Therapieraum ist die Wahrscheinlichkeit groß, daß der Klient in eine Trance geht und mit der Zeit eine Armlevitation entwickelt. Oder: Wenn seit drei Wochen in der ganzen Region Plakate für eine Bühnenhypnoseshow hängen und sich ein potentieller Besucher der Show seit Tagen damit beschäftigt, ob er auf die Bühne geht oder nicht, dann ist auch ein Kontext gegeben, in dem hypnotische Sprachmuster wirken können. Falls dann der Hypnotiseur die Technik der Ja-Haltung anwendet und spricht: „Du schaust mich an, du hörst die Musik, du hörst meine Stimme, die Augenlider haben kleine Bewegungen, und dabei kannst du tiefer und tiefer in Trance gehen", dann kann das mit großer Wahrscheinlichkeit gelingen. Wenn ich statt dessen in einer fremden Stadt durch die Fußgängerzone wandele und irgendeinen Passanten wie folgt anspreche: „Ich bin neugierig ... weder Ihr bewußtes Denken ... noch mein bewußtes Denken weiß ... und in diesem Fall nicht einmal mein unbewußtes Denken weiß ... werden Sie mir eher 50 Mark schenken oder 100

Mark, dann ist schon sehr viel unklarer, was passiert. Die Variationsbreite möglicher Reaktionen ist unendlich viel größer. Von Auslachen bis Panik, von aggressivem Angriff über spöttische Bemerkungen bis hin zu einem amüsiert-anerkennendem Zücken des Geldbeutels wegen der intelligenten Betteltechnik ist alles möglich.

Wenn ich im Zug sitze und plötzlich den mir gegenübersitzenden athletisch wirkenden Mann fokussierend anschaue und, wie oben bei der Bühnenhypnose beschrieben, beginne: „Du schaust mich an, du hörst die Musik, du hörst meine Stimme, die Augenlider haben kleine Bewegungen, und dabei kannst du tiefer und tiefer in Trance gehen", ist es ebenfalls sehr unklar, was dann geschehen wird. Vielleicht verläßt er das Abteil, vielleicht krempelt er die Ärmel hoch, zeigt seine Muskeln und suggeriert mir nonverbal, daß ich besser bald schweige. Vielleicht lächelt er auch nur und sagt milde: „Nimm Haldol und du fühlst Dich wohl", und wendet sich wieder seiner Reiselektüre zu,

Falls ich jedoch in der halben Stunde zuvor ein Hypnose-Buch nach dem anderen aus der Reisetasche ziehe und mir Notizen mache und dabei registriere, wie der mir gegenübersitzende junge Mann neugierig wird und sich wohl die Frage stellt: „Kann der wirklich hypnotisieren?", dann kann der Kontext für die Wirkung der oben beschriebenen hypnotischen Technik plötzlich doch gegeben sein. Viele der mächtigen und magisch wirkenden Techniken erfordern also einen Kontext, in dem der Hypnotisierte in entsprechender Weise reagiert. Ist dieser Kontext gegeben, dann können diese Techniken sehr wirksam und mächtig sein.

Die Löwen-Geschichte – weitere Detailanalysen

Pacen und Akzeptieren eventueller Ängste, keine Kontrolle zu haben

... er hat Durst ... er hat wirklich Durst ... schrecklich Durst ... das lange Jagen, die Hitze in der Wüste ... die trockene Luft ... Durst ... ***und ist weit weg von seinem Wasserloch ... er kann*** *natürlich zurücklaufen an sein Wasser ... er hat genügend Reserven ... aber er hat jetzt Durst ... Löwen können riechen ...*

Es gibt in seltenen Fällen an dieser Stelle auch leicht unruhige Reaktionen. Die eben beschriebene Ratifikation kann auch dazu führen, daß der Klient erst gewahr wird, daß er unwillkürlich reagiert und manche der Handlungen nicht mehr der bewußten Kontrolle unterliegen. Das kann als bedrohlich erlebt werden. In Gruppentrance füge ich daher Formulierungen ein, wie sie oben hervorgehoben sind: „Er kann natürlich zurücklaufen. Er hat genügend Reserven, er hat genügend Kontrolle. Es ist jederzeit möglich, wieder zurückzukehren.“ Außerdem biete ich hier auch die Option an, zu mehr bewußter Kontrolle zurückzukehren. In Einzeltherapien mit der Möglichkeit, die individuellen Bedürfnisse eines Klienten miteinzubauen und zu würdigen, wurde diese Option bisher noch nie wahrgenommen, in Gruppentrancen allerdings schon. Die Formulierung „aber er hat jetzt Durst“ führt jedoch wieder in die Geschichte zurück und fordert auf, „die Bedürfnisse“ in der Vertiefung der Geschichte zu befriedigen.

Das Zurückschrecken vor dem eigenen Spiegelbild

Das Zurückschrecken vor dem eigenen Spiegelbild mit der anschließenden Selbstüberwindung ist das Kernstück der Originalgeschichte. Das Konzept „Spiegel“ wird über die Beschreibung des Sees *„tiefblau, Windstille, spiegelglatt* ein letztes Mal im Sinne des „Seeding“ vorbereitet. Dann sieht der Löwe den anderen Löwen und schreckt zurück. Manchmal erfolgt an dieser Stelle auch ein sichtbares Zurückzucken vor dem „anderen Löwen“. Häufig reagieren Klienten an dieser Stelle auch mit einem leichten Lächeln oder Schmunzeln.

Metaphorische Darstellung typischer Problemlösestrategien

er zieht sich zurück, er legt sich im Schatten unter diesen Baum und wartet … irgendwann geht der andere weg, der da ist, und dann kann ich ans Wasser, ich muß nur warten … aber einige Minuten später, Kopf über dem Wasser, da ist der andere wieder … und er beginnt sich zu ärgern, über sich … weil er so unbesonnen in diese Situation gerät … natürlich … er kann zurücklaufen, er hat genügend Kraft … er kann jederzeit zurück … aber er hat jetzt Durst, er möchte jetzt trinken … jetzt hat er seine Bedürfnisse … und er wird so ärgerlich auf den anderen, daß er den Weg nicht freigibt ... und er läuft hin und er brüllt und er donnert und er grollt ... und er reißt das Maul auf, so weit es ein Löwe nur aufreißen kann ... aber der andere Löwe reißt das Maul genausoweit auf ... offensichtlich genausoweit ... offensichtlich ... das vierte Mal, wie er es wieder versucht, schaut ihn ein ... hilfloser, ängstlicher Löwe an ...

Zuerst werden typische Konflikt- und Problemlösestrategien metaphorisch dargestellt: Warten und Aussitzen, Selbstbeschimpfungen, Aggressionen nach außen ablassen, ausweichen und flüchtend das Feld verlassen, hilflos, gelähmt und depressiv reagieren. Je nach Klient kann das auch variiert werden. Es gibt auch Klienten, die immer alles auf die nette und freundliche Art lösen wollen. Für solche Klienten könnte der Löwe auch in den See lächeln, aber der andere lächelt ebenfalls nett zurück, bewegt sich jedoch keinen Millimeter zur Seite.

Ansprechen der Hilflosigkeit gegenüber einem/dem Problem

das vierte Mal, wie er es wieder versucht, schaut ihn ein ... hilfloser, ängstlicher Löwe an ... und es macht ihn selbst ganz verzweifelt und hilflos ... er legt sich wieder in den Schatten und weiß nicht was tun ... irgendwie kommt ihm die Situation seltsam vertraut vor ... er hat das Gefühl, er kann nicht vor, er kann nicht zurück ... obwohl er eigentlich weiß, er kann zurück an sein Wasser ... eigentlich kann er auch an dieses frische Wasser ... an diesem spiegelglatten See ... und doch ist er wie gelähmt ... seltsam vertraut ... und er schließt die Augen und weiß nicht was tun ... er ist hilflos ...

Die Geschichte in dieser Form mit den obigen Formulierungen ermöglicht es in vielfältiger Weise, daß Klienten ihr Problem und ihre Hilflosigkeit auf die Geschichte projezieren können. Ein depressiver Patient kann seine Gefühle der Hilf- und Hoffnungslosigkeit angesprochen fühlen, ein Stotterer seine Ängste und Widerstände, wenn er sich selbst stotternd auf dem Video anschauen soll, ein Phobiker mit Höhenängsten kann sich mit seiner Unruhe beschäftigen, weil sein Therapeut eine In-vivo-Desensibilisierung in Form des gemeinsamen Besteigens eines hohen Turmes angekündigt hat. Andere Klienten beschäftigen sich mit dem Gefühl des Ausgeliefertseins am Arbeitsplatz oder mit Schwierigkeiten der eigenen Familiensituation.

Ein weiteres Angebot für teilweise Reorientierung

Vor allem in größeren und heterogenen Gruppen kann es sinnvoll sein, hier zu betonen, daß der Löwe weiß, daß er jederzeit wieder an seinen See in seinem Wald zurückkehren kann:

> *der Löwe, er hat genügend Kraft, er hat genügend Reserven, er hat genügend Kontrolle, um wieder zurück an seinen Platz, in seinen Wald zu gehen … jedoch er hat jetzt Durst.*

In einer Einzelsitzung ist das weniger wichtig, da man ohnehin maßgeschneidert die individuellen Bedürfnisse der Klienten berücksichtigt und viel feiner und genauer auf minimale nonverbale Rückmeldungen achten kann. Zum anderen kann ein ausgebildeter Psycho- und Hypnotherapeut auch mit eventuellen spontanen Gefühlsreaktionen oder aufsteigenden Erinnerungen weiterarbeiten. Im Rahmen einer Gruppensitzung kann man – Erfahrung vorausgesetzt – sowohl die Belange der ganzen Gruppe berücksichtigen als auch den einen oder anderen in der Gruppe mit seinen individuellen Reaktionen ansprechen. In größeren Gruppen jedoch sind diesem Vorgehen Grenzen gesetzt. Teilnehmer einer Gruppentrance reorientieren sich auch ohne diese explizite Erlaubnis, falls sie es für adäquat halten. Mit dieser Erlaubnis geschieht dies jedoch leichter und angenehmer. In manchen Fällen schützt es auch davor, sich in einem nicht adäquaten Rahmen zu tief einzulassen.

Angebot, ein Problem oder Trauma zu bearbeiten

> *wie er es wieder versucht, schaut ihn ein … hilfloser, ängstlicher Löwe an … und es macht ihn selbst ganz verzweifelt und hilflos … er legt sich wieder in den Schatten und weiß nicht was tun … irgendwie kommt ihm die Situation seltsam vertraut vor … er hat das Gefühl, er kann nicht vor, er*

kann nicht zurück … obwohl er eigentlich weiß, er kann zurück an sein Wasser … eigentlich kann er auch an dieses frische Wasser … an diesem spiegelglatten See … und doch ist er wie gelähmt… seltsam vertraut … und er schließt die Augen und weiß nicht was tun … er ist hilflos … und dann wundert er sich, er hat völlig unerwartet … wunderschöne Bilder …

Jeder von uns hat vermutlich in seinem Leben Dinge erlebt, die zum damaligen Zeitpunkt überfordernd oder gar traumatisierend waren: die Scheidung der Eltern, ein Todesfall, ein unsensibler Lehrer, ein Krankenhausaufenthalt usw. Über die Identifikation mit dem Löwen ist es möglich, sich Erinnerungen solcher Geschehnisse zu nähern. Nachdem diese Gefühle und eventuell dazugehörige Bilder und Erinnerungen aktiviert sind, kann dieses Trauma später aus sicherer Erwachsenensicht einer Neubetrachtung und Verarbeitung unterzogen werden.

Altersregression – jedoch ressourcenorientiert

irgendwie kommt ihm die Situation seltsam vertraut vor … er hat das Gefühl, er kann nicht vor, er kann nicht zurück …. und doch ist er wie gelähmt… seltsam vertraut … und er schließt die Augen und weiß nicht was tun … er ist hilflos … und dann wundert er sich, er hat völlig unerwartet …wunderschöne Bilder … und sein Kopf sagt, eigentlich paßt das gar nicht in die Situation … irgendwo … tief in seinem Inneren … wunderschöne Bilder … von ganz ganz ganz früher … er jagt Schmetterlinge

Altersregression ist eines der hypnotischen Phänomene. Der Hypnosetherapeut unterstützt den Klienten, sich in eine frühere Zeit zu versetzen. Bekannt ist dabei die Technik, zurückzugehen, um etwaige Ursachen für Symptome in der Vergangenheit zu entdecken oder herauszufinden, was früher war. Diese Vorgehensweise wird heute zunehmend kritisch gesehen, weil es keine sichere Methode gibt zu unterscheiden, was tatsächlich geschah und was in der Hypnose phantasiert wird. Ein zusätzliches Problem ist, daß Klienten das in der Hypnose Erlebte für tatsächlich geschehene Realität halten. Die dazu durchgeführten wissenschaftlichen Experimente haben vor allem in den USA dazu geführt, daß zum einen vor Gericht Zeugen nicht zugelassen werden, bei denen in bezug auf den gerichtlichen Sachverhalt im Vorfeld von der Polizei oder auch von Therapeuten Hypnose eingesetzt wurde. Zum anderen gibt es Kunstfehlerprozesse gegen Hypnosetherapeuten mit dem Vorwurf, unter Hypnose suggestiv die Schaffung neuer Realitäten gefördert zu haben. Dies hat vor allem bezüglich des Themas sexueller Mißbrauch hohe Wellen geschlagen. Es scheint tatsächlich solche Fälle des Schaffens neuer Realitäten zu geben. Gleichzeitig entstand ein neues Problem, nämlich daß sich tatsächliche Täter mit dem Vorwurf reinzuwaschen versuchten, der Mißbrauch sei nur eine suggerierte Phantasie (Yapko 1994).

Im Rahmen der Löwengeschichte wird Altersregression nun ressourcen- und lösungsorientiert eingesetzt. Der Löwe erlebt eine Zeit, in der es keine Fehler gibt, sondern nur Erleben und findiges Ausprobieren. Angesprochen wird hier kindliche Neugier und Unbekümmertheit. Man tut einfach, man experimentiert, es gibt keinen Fehler, es gibt keinen Leistungsdruck. Ein kleines Kind in diesem Lebensabschnitt baut z. B. mit Bauklötzen, und es ist egal, wie oft der Turm umfällt, es macht jedesmal gleich viel Spaß. Das Problem, daß man sich ärgert, wenn man es nicht gleich bis oben an die Tischkante geschafft hat, kommt dann erst ein paar Monate später.

Dabei ist die Art des Überganges von der Hilflosigkeit in die angestrebte Ressourcenorientierung zu beachten.

Einmal hatte ich an dieser Stelle unkonzentriert gearbeitet und einen Fehler begangen, den ich im nächsten Abschnitt besprechen möchte.

Abgrenzung zwischen „Ansprechen des Problems" und „Orientierung auf Ressourcen"

Der Fehler war folgender: Einer sich hilflos fühlenden und depressiven Frau wollte ich über das Bild der Schmetterlinge wieder mehr Zugang zu ihren findigen und kreativen Seiten geben, zudem wollte ich sie daran erinnern, daß sie Ressourcen und Fähigkeiten hat.

Ihr aktuelles Gefühl der Hilflosigkeit wurde intensiv angesprochen, denn der Löwe war absolut hilflos, resigniert, lag auf seinem

Schattenplatz und wußte nicht mehr, was er tun sollte. Und ich sagte: „... und der Löwe und plötzlich kamen ihm diese Erinnerungen aus der Kindheit." Noch während ich es sagte, wußte ich, daß ich einen Fehler machte. Aber wie die Indianer sagen: „Den Pfeil, der den Bogen verläßt, und das Wort, das deinen Mund verläßt, kannst du nicht mehr zurückholen." Das angesprochene Gefühl der Hilflosigkeit diente also als Brücke für die spezielle Art der Kindheitserinnerungen. Hier ist die Wahrscheinlichkeit groß, daß eine eher traurig-dramatische Kindheitserinnung aktiviert wird. Mein hier unbeabsichtigtes Vorgehen wäre eine ausgezeichnete Technik gewesen, um eine Art kathartische Traumaarbeit zu machen, um ein Gefühl von Ausgeliefertsein oder Hilflosigkeit hypnotherapeutisch in Angriff zu nehmen. Bei der Klientin begannen die Tränen zu laufen, und sie erinnerte sich an eine Kindheitssituation, in der sie sehr hilflos war. Damit konnte ich ebenfalls weiterarbeiten. Nur: Das war eigentlich nicht meine Absicht gewesen.

Einer der Vorteile der hypnotherapeutischen Arbeit ist, daß Klienten im hypnotischen Zustand viel unmittelbarer und subtiler auf die therapeutische Kommunikation reagieren. Dies zwingt Hypnotherapeuten, ständig über mögliche versteckte Implikationen in ihrer Kommunikation nachzudenken. Diese Erfahrung überträgt sich auch positiv auf die gesamte nichthypnotische Gesprächskommunikation.

Damit nun das Hilflosigkeitsgefühl hier keine Brückenfunktion für diese Art der Kindheitserinnerung einnehmen kann, werden Formulierungen wie folgt benutzt:

> *er ist hilflos ... und dann wundert er sich, er hat völlig unerwartet ... wunderschöne Bilder ... und sein Kopf sagt, eigentlich passt das gar nicht in die Situation ... irgendwo ... tief in seinem Inneren ... wunderschöne Bilder ... von ganz ganz ganz früher ... er jagt Schmetterlinge*

Es wird hier also über diese Technik sozusagen eine Art „Erlebnistrennwand" zwischen das evozierte Gefühl der Hilflosigkeit und die zu aktivierenden Kindheitserinnerungen eingezogen.

Exkurs: Allgemeines zur hier verwendeten Ressourcenorientierung: Wo hat das kleine „b" den Bauch und wo den Strich, und was meint Ingrid Steeger dazu?

Ein Hauptmerkmal Ericksonscher Hypnotherapie ist die Ressourcenorientierung. Anstatt Symptome, Schwächen oder Pathologisches in den Mittelpunkt der Therapie zu stellen, wird der Scheinwerfer der Aufmerksamkeit auf Stärken und Fähigkeiten des Klienten gerichtet. Bedeutung und Vorteil dieser Orientierung am Positiven wurde kürzlich auch von Grawe (1995) als eines der wesentlichen Merkmale effizienter Psychotherapie herausgefiltert. Dabei sind zwei Unterschiede zu anderen Therapieverfahren zu erwähnen.

a) In der traditionellen Hypnose vor Erickson wurden therapeutische Ziele oft über direkte, sich wiederholende Suggestionsformeln angestrebt. Suggestionen haben hier die Funktion eines Medikamentes, das von außen zugeführt wird. Erickson ging davon aus, daß alle notwendigen Ressourcen bereits im Klienten vorhanden sind und nur aktiviert werden müssen. Er benutzt in diesem Zusammenhang Formulierungen wie: „Du weißt etwas. Aber Du weißt noch nicht, daß du es weißt. Sobald du weißt, was du schon weißt, aber noch nicht weißt, was du weißt, kannst du beginnen, Dein Problem zu lösen." Wie Erickson diese Haltung in einen Behandlungsablauf eines Bettnässer-Problems eingebunden hat, habe ich an anderer Stelle dargelegt (Trenkle 1993).

b) Erickson setzt in Hypnose und Psychotherapie vielfach auf unbewußtes Lernen und auf autonome Möglichkeiten des Unbewußten. Anstelle der Vorstellung „Was unbewußt ist, soll bewußt werden" aus der Psychoanalyse oder vieler für das bewußte, rationale Denken der Klienten nachvollziehbarer Lernstrategien der Verhaltenstherapie setzt Erickson in manchen Fällen auf „das Unbewußte". Einige Aspekte dieses Vorgehens sind in diesem Buch im Abschnitt „Geschichten, die unterschwellig wirken" dargelegt. Vielfältige und kontroverse Meinungen lassen sich in der Zeitschrift *Hypnose und Kognition* im Themenheft „Das Unbewußte" (Bd. 6 (1) 1989) nachlesen. Der Aspekt, der hier im Rahmen der Löwengeschichte wichtig ist, ist das für den Klienten teilweise unbewußte und teilweise bewußte assoziative Stimulieren und Reaktivieren vorhandener, aber momentan verschütteter oder nicht genutzter Fähigkeiten.

Ein Beispiel für diese Vorgehensweise ist das, was Erickson, Rossi u. Rossi (1976) „frühe Lernhaltung“ genannt haben. Auch Lankton u. Lankton (1983) legen dar, wie Erickson vor dem unmittelbaren Ansprechen und Bearbeiten des therapeutischen Hauptzieles eine Lernhaltung anspricht und herbeiführt. Erickson sprach dazu frühere Lernerfahrungen an, häufig den Prozeß des Erlernens des Lesens und Schreibens. Dies kann zum Beispiel auf folgende Weise geschehen:

> „... und war es nicht spannend damals ... das kleine *d* ... wo hat das kleine *d* den Bauch ... und wo hat das kleine *d* den Strich ... und wo hat das kleine *b* den Bauch ... und wo hat das kleine *b* den Strich ... und das kleine *p* ... ist das kleine *p* ein umgefallenes kleines *b* ... oder ein ungefallenes kleines *d* ... und nach welcher Seite umgefallen ... und hat das kleine *m* jetzt zwei Füße oder drei Füße ... Versuche des kindlichen Denkens ... die Buchstaben zu erinnern ... und schon wieder dieser Fehler ... die Ungeduld ... Ungeduld der Lehrer, der Eltern ... manchmal hilflos ... und doch ... das Unbewußte ... wie von alleine ... es bilden sich Bilder von diesen Buchstaben ... und wie von alleine ... wenige Wochen später ... keine Fragen mehr ... wo hat das kleine *b* den Bauch und wo den Strich ... es geht alles wie von alleine ... lesen und schreiben ... völlig automatisch ... ein ganzes Leben lang ...“

Eine der Implikationen und indirekten Suggestionen dieses Vorgehens ist: „Therapie ist wie Lernen. Schon oft hast du gedacht: Das schaffe ich nie. Und schon wenige Wochen später ging alles wie automatisch, und du hast schon völlig vergessen, daß das überhaupt einmal ein Problem war.“

In den letzten Jahren habe ich ab und zu diese Technik nicht als Vorbereitung für die nachfolgende Intervention, sondern als eigentliche Hauptintervention eingesetzt.

Hierzu ein Fallbeispiel:

Ein junger Mann, Anfang 30, kam nach zwei Suizidversuchen und Psychiatrieaufenthalten mit psychotischen Episoden in Therapie. Seit Monaten lag er tagsüber im Bett und konnte dann nachts nicht schlafen. Freunde und Verwandte versuchten – meist vergeblich – ihn zu aktivieren und zu ihren jeweiligen Arbeitsplätzen mitzunehmen. Die Vorgeschichte war folgende: Als zwölf Jahre alter Junge sollte er mit seinem Vater aufs Feld. Er weigerte sich. Bei dieser Gelegenheit hatte sein Vater einen schweren Unfall, dessen Verletzungen er wenige Tage danach erlag. Die Mutter verkraftete den Tod ihres Mannes nicht und suizidierte sich zwei Jahre später. Viele Jahre vor den Suizidversuchen meines Klienten hatte ich dessen Schwester wegen intensiver Suizidgedanken in Therapie. Der Klient wußte, daß ich bei seiner Schwester auch mit Hypnose gearbeitet hatte. Wegen seiner geringen Eigenverantwortlichkeit und seinen psychotischen Symptomen ging ich auf die Wünsche des Klienten nach Hypnose in der ersten Sitzung nicht ein. Er verlangte immer wieder nach Hypnose, da dies ja damals seiner Schwester geholfen hatte. Schließlich gab ich nach und sagte ihm sinngemäß: „Moderne Hypnose ist jedoch anders, als sie sich das vorstellen. So wie Sie einen Traum träumen können und sich wundern, was das für ein merkwürdiger Traum ist, so kann ich Ihnen in Hypnose quasi von außen in Form einer Geschichte einen Traum erzählen. Und so wie wir zusammen einen Traum analysieren können und versuchen herauszufinden, welche Botschaften und unbewußten Tendenzen wohl in diesem Traum stecken, kann man in Hypnose und in der Sprache des Unbewußten einen Traum erzählen. Und dieser Traum enthält Lösungsmöglichkeiten und neue Ideen. Das bewußte Denken wird sich möglicherweise wundern und sich fragen, was der Unsinn soll. Das Unbewußte hat jedoch eine eigene Sprache und kann eigenständig Lösungen finden. Das bewußte Denken darf durchaus miträtseln, was die Geschichten bedeuten, und daraus selbst Lösungsideen entwickeln, das Unbewußte kann jedoch völlig eigene Entwicklungsmöglichkeiten darin entdecken."

So begann ich dann eine Tranceinduktion und erzählte von den Problemen des Lesen- und Schreibenlernens, vom kleinen „*d*" und dem kleinen „*b*" usw. Als Parallelgeschichte mit derselben Botschaft erzählte ich die Geschichte, wie eines meiner Kinder etwas mühsam das Fahrradfahren lernte und wie es schließlich wie von alleine ging.

In den zwei Wochen nach dieser Sitzung ergriff der Klient zum ersten Mal in den letzten neun Monaten eigene Initiative. Er kam und erklärte mir: „Wissen sie, was ich mir gedacht habe? Ich bin ja noch nicht so weit, meine Umschulung in Angriff zu nehmen. Außerdem bin ja nachts immer wach und liege tags im Bett. Da habe ich mir gedacht, ich kann mir übergangsweise eine Stelle als Nachtfahrer suchen." Er hatte in der Zwischenzeit schon auf eine Anzeige mit einem entsprechenden Angebot für Nachtfahrer geantwortet. Das Angebot war allerdings etwas dubios. Er sollte gleichzeitig ein Auto kaufen oder leasen. Wiederum auf eigene Initiative ging er zu einem Steuerberater und ließ dort die Angelegenheit prüfen. Dort wurde ihm abgeraten, sich darauf einzulassen.

Dieses Erinnern an frühere erfolgreiche Lernerlebnisse baut nach meiner Erfahrung Hilflosigkeit ab und baut Hoffnung auf. Manchmal kommentierten Klienten auch diese Sitzungen. Eine Klientin sagte einmal: „Ich weiß zwar nicht, warum sie mir das das letzte Mal erzählt haben. Aber seither habe ich das Gefühl: ‚Der Mann traut mir was zu.'" Ein Klient sagte einmal als Reaktion: „Das stimmt eigentlich. Das ist einem gar nicht so bewußt. Man kann eigentlich viel mehr als einem klar ist. Ein anderer sagte: „Es ist eigentlich unglaublich, was man in so einem Leben alles lernt. So viele Kleinigkeiten, die man gar nicht würdigt, wie Schuhebinden, Hemd zuknöpfen, etc.

Genau dieses Grundgefühl von „Ich kann ja was, ich bin ja was und ich habe bereits so viele Dinge gelernt und gemeistert" ist das Grundgefühl, das als Ressource aktiviert werden soll.

Einmal mißlang mir das Aktivieren dieses positiven Grundgefühls gründlich. An Ostern 1988 hatte ich meinen ersten Workshop in Leipzig gehalten. Anstatt „Lernen des Alphabets" hatte ich eine andere Variante gewählt: Das Lernen des Autofahrens. „... und wie schwer war es damals in der ersten Fahrstunde: Bremse, Gas, Kupplung, Gangschaltung, Rückspiegel, Seitenspiegel, Ampeln, Zebrastreifen, der Fahrlehrer und die vielen anderen Verkehrsteilnehmer und der Gedanke ‚So viele Dinge gleichzeitig ... das lerne ich nie ...', und schon wenige Wochen später ... alles wird mehr und mehr automatisch und man muß nicht mehr bewußt auf die Bremse und das Gaspedal treten ..." Nach der Gruppentrance war eine etwas betretene Stimmung. Schließlich erfuhr ich, daß die Hälfte der Gruppe gar keinen Führerschein hatte, und mir wurde peinlich klar, wie lange die Wartezeiten in der DDR für Autos waren. So hatte ich das Gegenteil als Stimmung induziert wie geplant oder: „Hervorragende Technik, aber leider falscher Ort."

Wie sagte doch damals Ingrid Steeger in der legendären Fernsehsendung *Klimbim*: „Aus Fehlern wird man klug, drum ist einer nicht genug."

wunderschöne Bilder ... von ganz ganz ganz früher ... er jagt Schmetterlinge ... er hat nie einen gefangen von diesen Schmetterlingen, aber das spielt überhaupt keine Rolle ... er hat einfach die Ruhe weg ... er kann warten ... er läßt sich Zeit ... er beobachtet ... er sieht die Schmetterlinge ... und er schleicht sich an ... Millimeter um Millimeter ... Stunde um Stunde ... immer wieder dasselbe ... er schleicht sich an und er ist sich jedesmal sicher, diesmal klappt es ... und er springt und der Schmetterling fliegt weg ... Stunde um Stunde ... zehnmal ... zwanzigmal ... vierzigmal ... Tag für Tag ... das ist wie eine Zeit, da gibt es überhaupt keine Fehler ... er weiß noch nicht genau, wieviel er weiß ... er weiß noch nicht einmal, wieviel er lernt in dieser Situation ... Stunde um Stunde schleicht er an ... sieht nur sein Ziel ... sein ganzer Körper ist konzentriert ... seine Augen ... Millimeter um Millimeter ... eine entspannte Spannung ... eine konzentrierte entspannende Spannung ... obwohl sein Körper leicht zittert vor Erregung ... ist er völlig entspannt ... es ist eine Zeit, da gibt es keine Fehler ... nur Neugier ... nur Experimentieren ... und er springt ... der Schmetterling fliegt weg ... Stunde um Stunde ...

Die angesprochene Haltung „Es gibt keine Fehler", sondern nur „Ausprobieren und kreatives Lernen" ist eine weitere günstige Ressource, die eine ergänzende Grundlage für günstige therapeutische Entwicklungen schafft. Die Idee für diese Passage entstand in Ausbildungsseminaren für Klinische Hypnose. Die TeilnehmerInnen schienen mir oft zu zögern und hatten Zweifel, inwiefern sie hypnotische Techniken anwenden können. Die Freude am Üben und am Ausprobieren wurde über altersregressives Erinnern an diese frühen Einstellungen gestützt. Am Anfang dieser Passage betone ich sehr früh, daß der Löwe nie einen Schmetterling gefangen habe. Dies habe ich so dezidiert eingefügt, nachdem ich von einer Klientin das Feedback bekam, daß ihr die armen Schmetterlinge so leid getan hätten. Sie wäre so richtig geschockt gewesen, daß der große

Löwe die kleinen schönen Schmetterlinge jagt und frißt. Solche individuellen Feedbacks führten immer wieder zu kleinen standardmäßigen Veränderungen an dieser Geschichte. Der frühe Hinweis, daß nie ein Schmetterling gefangen wurde, paßt zu der Hauptbotschaft, daß der Löwe mit gleicher Überzeugung und Gelassenheit immer wieder aufs neue Versuche unternimmt. Gleichzeitig werden ablenkende Assoziationen in andere Richtungen vermieden. Im Einzelfall können solche untypischen Assoziationen und Reaktionen von besonderem diagnostischem Wert sein und neue Behandlungsebenen nahelegen.

Die Löwen-Geschichte – weitere Detailanalysen

Positive Halluzination

und wie er die Augen öffnet und sich bewegt, dann sieht er den See ... den See sehen ... spiegelglatt, tiefblau, Windstille ... und er steht auf ...

An dieser Stelle ist das Trancephänomen einer positiven visuellen Halluzination angedeutet. Die Formulierung „den See sehen" kann hier im Sinne einer eingestreuten Suggestion betont als Suggestion gesprochen werden. Dies kann auch mit Formulierungen wie „... und als er die Augen öffnet, da kann er den See sehen" wiederholt und intensiviert werden. Falls ich diese Suggestion weiterhin unterstützen möchte, kann eine kleine Sprechpause sinnvoll sein. In der Regel beginnen Klienten dann die Augen zu öffnen.

Kombination mit Körperarbeit wie Feldenkrais

und er steht auf und er schlendert in Richtung von diesem See ... das ist eine besondere Art von diesem kraftvollem Schlendern ... er bewegt sich geschmeidig ... er hat die volle Kraft vom erwachsenen Löwen, die richtige Haltung ... in den Schultern, in den Hüften, im Nacken ... er hat die volle Kraft und Erfahrung vom großen erwachsenen Löwen ... und gleichzeitig ist es, wie wenn eine Idee ... eine Idee von dem kleinen Löwen in ihm wäre … er läuft irgendwie anders … er schlendert irgendwie anders …

Hier geht es darum, Erinnerungsressourcen hinsichtlich körperlicher Beweglichkeit und Flexibilität zu wecken. Klienten bewegen in dieser Phase oft die Schultern, lockern sich und suchen nach neuen „Haltungen". Besonders bei Klienten mit Rückenproblemen, Verspannungen im Nacken-Schulter-Bereich usw. sind Formulierungen dieser Art wichtig. Ich möchte daran erinnern, daß die Löwen-Geschichte in dieser Form in einem Ausbildungsseminar erzählt wurde. Es ging darum, eine maximale Zahl an Elementen anzudeuten und zu demonstrieren. Bei Klienten mit körperlichen Problemen kann diese Passage natürlich stark ausgebaut werden und 20 Minuten und mehr dauern. Falls die Klienten aus Feldenkrais-Gruppen, Krankengymnastik oder Massage positive Erfahrungen mitbringen, können diese hier auch angesprochen werden, um solche wohltuenden Körpererinnerungen zu aktivieren und sie zur Unterstützung einer neuen „Haltung" einzusetzen. In der Regel erfrage ich bei den Klienten Informationen über Behandlungen dieser Art und lasse dann in dieser Passage jene Formulierungen einfließen, mit denen mir der entsprechende Klient die Körperbehandlungen beschrieben hat. Klienten mit Asthmabeschwerden können hier an funktionale Atem- und Bewegungsmuster im Brustbereich erinnert werden. Eine neue „Haltung" kann auch Implikationen im Beziehungsbereich haben. Der Löwe könnte sich hier auch mit Fragen beschäftigen, wie seine Umgebung auf seine neue Haltung reagieren wird: Wer reagiert positiv, wer eher abwehrend, und was hätte dies wiederum für Rückwirkungen auf seine Haltung?

Die Aufforderung, die spielerische Haltung des kleinen Löwen mit der Erfahrung des erwachsenen Löwen zu kombinieren, löst in der Regel zusätzlich interessante Bilder und Integrationsprozesse aus.

Elemente kognitiver Therapie

… und kurz vor diesem See … hört er eine Stimme wie von außen … Löwe hin und Löwe her … seine eigene Stimme, er erschrickt … vor seiner eigenen Stimme … Löwe hin und

Löwe her ... er steckt den Kopf in das Wasser, das Wasser wirft Wellen ... er schlürft dieses kühle Wasser und er atmet dabei ... erleichtert ... und das Wasser ist so erfrischend ... genießen ... und er trinkt in seinem Rhythmus ... genußvoll ... und alles um ihn herum spielt keine Rolle ... er wird immer ruhiger und immer ruhiger ...

Wir sind beim wesentlichen psychotherapeutischen Element der Originalgeschichte. Der Löwe taucht einfach seinen Kopf ins Wasser und läßt los. Zuvor hört er seine innere Stimme wie dissoziiert von außen. Die Stimme sagt: „Löwe hin und Löwe her." Anstatt des üblichen ängstlichen Zögerns und des Zurückschreckens vor dem eigenen Ich kommt nun die Selbstüberwindung.

Kognitive Therapeuten können an dieser Stelle auch andere Sätze im Sinne eines neuen inneren Dialogs setzen. Eine Klientin hat erzählt, daß ihr das Buch *Ich bin Ich* sehr viele Anstöße gegeben habe. Hier kann der Löwe natürlich auch „Ich bin Ich" sagen, anstatt „Löwe hin und Löwe her".

An der Stelle des Eintauchens habe ich dann häufig beobachtet, wie die Klienten loslassen. Der Kopf sinkt nach vorne, und die Körpermuskulatur entspannt sich. Es ist auch die Stelle, an der am häufigsten eine Amnesie eintritt. Oft sagen Klienten: „Bis zu der Stelle, an der der Löwe ins Wasser eingetaucht ist, weiß ich noch alles, und danach weiß ich nichts mehr."

Gerade Klienten, die bei sich selbst Schwierigkeiten bezüglich des Loslassens erwarten, gelingt an dieser Stelle das gewünschte Entspannen.

In jeder „Beziehung" bei seiner „Haltung" bleiben

... und je ruhiger er wird, desto ruhiger wird das Wasser ... er kann manchmal den anderen Löwen sehen ... manchmal verzieht er so sein Gesicht zu einer Fratze, der andere ... manchmal lächelt er im raschen Wechsel ... und er hört nur immer „Löwe hin und Löwe her"

Dies ist ein assoziativ-suggestives Angebot, die Haltung „Löwe hin und Löwe her" oder „Ich bin Ich" oder „Jeder denkt an sich, so ist an jeden gedacht" auch in wichtigen Beziehungen sozusagen „in jeder Beziehung" aufrechtzuerhalten.

Bei KlientInnen, die lernen wollen, ein „Nein" mit einer klaren körperlichen Haltung zu untermauern, oder bei Klienten, die bei sich beobachten, daß sie in Konfliktsituationen mit dem Chef immer zu sehr die Schultern und den Kopf hängen lassen, läßt sich zum Beispiel diese Passage sehr gut ausbauen. Der Löwe könnte plötzlich die Idee bekommen, diese Ruhe, auch auf andere Situationen zu übertragen. Er sieht plötzlich eine Situation, in der er sich wünscht, diese Ruhe zu haben. Je mehr er diese Situation vor sich sieht, desto mehr überträgt sich diese Ruhe und er fragt sich: „... wo könnte ich dieses kraftvolle Schlendern, dieses lockere und doch kraftvolle Gefühl im Schulterbereich besonders gut gebrauchen ... er sieht diese Situation vor sich und spürt, wie er ... wie es immer besser ... immer besser gelingt, dieses kraftvolle Gefühl aufrechtzuerhalten ... aufrecht ... aufrecht mit mehr und mehr entspannter kraftvoller Haltung ... und er wird neugierig auf die nächste dieser Situationen ... entspannt und kraftvoll ... fühlleicht (vielleicht) sogar unmerklich ... wie von alleine ... eine neue Haltung in jeder Beziehung ..."

Der Stein

und dann erinnert er sich an eine zweite Sache von damals ... das ist im Nachhinein eine banale Erinnerung ... im Nachhinein ... da gab es damals diesen einen Stein, den großen Stein ... den wollte er immer umdrehen ... er war aber immer zu schwer für ihn als kleiner Löwe ... von Woche zu Woche wurde er stärker als kleiner Löwe ... und irgendwann rollt der Stein weg ... und da packt ihn das Entsetzen ... damals ... heute kann er darüber lächeln, denn objektiv war es banal ... aber für den Kleinen war es zuviel, damals ... diese Käfer und diese Würmer unter diesem Stein ... er schämt sich als erwachsener Löwe, wie man sich als Löwe so erschrecken kann ... irgendwo kann er es verstehen, für den Kleinen war es zuviel ... für den Großen ist es absolut lächerlich ... und doch, wenn er in sich reinfühlt und ehrlich ist ... er spürt diese Angst immer noch

Diese Passage mit dem Stein habe ich ursprünglich für Klienten mit phobischen Reaktionen hinzugefügt. Dann dachte ich jedoch, daß jeder von uns Situationen erlebt hat, die ihm als Kind geängstigt, überfordert, belastet, traumatisiert oder zum Verzweifeln gebracht haben. Situationen, die für uns als Erwachsene durchschaubar, verarbeitbar und locker zu bewältigen sind. Für das Kind in der damaligen Situation war es allerdings zuviel. Weil die meisten von uns solche Erlebnisse haben, habe ich diese Passage sehr oft als „Standardelement" in die Geschichte eingefügt.

Dieses Assoziationsangebot wurde sehr unterschiedlich genutzt. Manche erinnern sich an ein kindliches Erschrecken wegen eines Hundes, manche an eine demütigende Situation in der Schulzeit, andere an einen Krankenhausaufenthalt und wieder andere an die schwierige Zeit, als sich die Eltern getrennt haben. In Ausbildungsgruppen wurde die Frage, ob hier Erinnerungen kamen, oft bejaht. Es wurden jedoch recht selten die Inhalte preisgegeben. Es schien sich meist um sehr persönliche Erinnerungen zu handeln, die zu besprechen im Rahmen dieser Gruppen nicht angebracht schien. Im therapeutischen Rahmen schließe ich an solche Nachbesprechungen manchmal eine explizite Hausaufgabe an, sich zu überlegen, wie man damals hätte reagieren können. Zur Erläuterung und Vorbereitung der Hausaufgabe erzähle ich in der Regel eine Geschichte, deren Kern ich – soweit ich mich erinnere – von meinem Kollegen Ulrich Schachtner habe:

> „Ein Schüler hatte in der Schulzeit ein immer wiederkehrendes ungutes Erlebnis mit einem Lehrer. Der Lehrer spielte ein unwürdiges Spiel mit ihm. Häufig stellte er in einem bestimmten Tonfall eine Frage und schloß an: ‚Wen nehmen wir da denn heute dran?' Jeder in der Klasse wußte, wer gleich aufgerufen wurde. Der Schüler begann zu schwitzen. Nach dem Aufrufen fühlte er sich hilflos und ausgeliefert und war dem Gespött der Klasse ausgesetzt. Selbst viele Jahre später im Erwachsenenalter verfolgten ihn diese Bilder. Irgendwann stellte er sich die Frage: Würde ich mir das heute auch noch gefallen lassen? Rasch war ihm klar, daß er sich heute wehren würde. Von seiner beruflichen und persönlichen Entwicklung wußte er, daß er sich heute sogar recht schlagfertig und elegant würde zu wehren wissen. Es war

interessant für ihn, daß ihm anfangs doch nichts einfiel, wie er sich mit dem heutigen Wissen nun konkret aus der Affäre ziehen würde. Die alten Gefühle waren immer noch stark und legten sich lähmend über seine sonst so gut entwickelte Schlagfertigkeit. Nach Tagen des Überlegens und des Suchens hatte er plötzlich eine belustigende und befreiende Idee. Er stellte sich vor, der Lehrer würde wieder diesen Satz sagen: ‚Na, wen nehme ich da heute dran?', und er würde bei diesem Satz den Finger strecken und heftig schnalzend rufen ‚Heut' will ich mal! Heut' will ich mal!' Er sah innerlich, wie er diesmal die Lacher auf seiner Seite hatte, und eine Last fiel von ihm ab."

Nach dieser Geschichte gebe ich dann die Hausaufgabe, die erinnerte problematische Situation in ähnlicher Weise aus dem Blickwinkel von heute zu betrachten und sich zu überlegen, wie man heute damit umgehen würde.

Desensibilisierung und Vorbereitung von Desensibilisierung

er spürt diese Angst immer noch und er wird neugierig … er bekommt das merkwürdige Bedürfnis für den Heimweg … sich so einen Stein zu suchen … er wird regelrecht unruhig bei dem Gedanken … einen Stein zu suchen und den Stein noch einmal absichtlich wegzuwälzen … und die Würmer krabbeln zu lassen und die Käfer … und er schämt sich beinahe … weil er spürt, er wird immer noch Angst haben, selbst als großer Löwe … obwohl es objektiv überhaupt keinen Grund gibt … er wird wieder diese Angst und dieses Entsetzen in sich spüren … und er hat das Bedürfnis, das einmal zu tun, vielleicht zweimal, vielleicht fünfmal … und dieses Gefühl absichtlich auszuhalten … für das er sich etwas schämt, wenn er ehrlich ist … und doch war es für den Kleinen damals zu viel … und er wird neugierig auf seinen Heimweg … und dieses Bedürfnis, die Steine noch einmal umzudrehen … er möchte mal wieder sein wie ein ganz kleiner Löwe mit der vollen Erfahrung … vom erwachsenen Löwen …

Eine der wirkungsvollsten Methoden der Verhaltenstherapie ist die In-vivo-Desensibilisierung und die Reizüberflutung bei Ängsten. Therapeuten begleiten Klienten, um auf Türmen oder Hochhäusern massiv und dramatisch ihre Höhenängste zu desensibilisieren. Als Stotterertherapeut habe ich meine Klienten zu motivieren, in gefürchteten Situationen absichtlich zu stottern. Diese Aufgabe liegt zu Beginn der Therapie meist außerhalb des Vorstellungsvermögens von Stotterern. Ein 31 Jahre alter stotternder Mann weigerte sich sogar, mit auf die Straße zu gehen und zu beobachten, wie ich absichtlich stotternd nach dem Weg frage. Eingebaut in die Löwen-Geschichte wird hier nun der angstabbauende Mechanismus beschrieben. Klienten können sich in entspanntem Zustand über die Vorstellung mental auf die reale Durchführung von angstbesetzten Aufgaben und die Konfrontation mit gefürchteten Situationen vorbereiten. Je nach Naturell und Struktur ihres jeweiligen Vermeidungsverhaltens kann die Geschichte hier modifiziert werden. Der Löwe könnte es sich z. B. jedesmal vornehmen, den nächsten Stein umzudrehen, und es jedesmal verschieben. Seit ich meine Klienten in dieser Weise vorbereite, sind die Widerstände gegen angstkonfrontierende Hausaufgaben und Maßnahmen viel geringer. Auch die in der Literatur zur Stottertherapie beschriebenen dramatischen Gefühlsausbrüche, wie Bierflaschen auf den Fernseher zu schleudern, auf dem man sich selbst stotternd beobachten sollte, oder auch von mir beobachtete Therapieabbrüche kommen nicht mehr vor, seit ich die Klienten mit solchen und anderen Geschichten besser auf die kommenden Therapieschritte vorbereite. Aus heutiger Sicht habe ich früher meine Klienten für diese Therapieschritte nicht genügend vorbereitet. Heute beginne ich diese Vorbereitung im Sinne des weiter oben beschriebenen „Säens" meist schon in der ersten Stunde. Der Klient weiß dann oft schon Wochen im voraus, was irgendwann auf ihn zukommen wird. Bis es dann wirklich soweit ist, ist die gefürchtete Aufgabe dann innerlich vorbereitet. Der Löwe, der sich hier absichtlich dem Angstreiz „Käfer und Würmer" aussetzt, ist ein Beitrag dazu.

Von der Erfahrung lernen – Vermeiden, Fehler zu wiederholen

nur gab es damals auch diese Kakteen ... und wann immer er zu nahe an diese Kakteen kam, irgendwas spritzt weg ...

und hing ihm im Fell ... ekelhaft ... stachelig, juckend und klebrig ... Tage hat er immer gebraucht, um sein Fell wieder sauber zu bekommen ... noch heute jucken manchmal diese Wunden ... und er hat das Gefühl, daß er eine Idee mißtrauischer ist, seit dieser Zeit ... und er beschließt, es ist ihm nicht mehr wichtig, ob die Kakteen auf seinen Geruch reagieren oder auf sein Gewicht oder seine Temperatur ... er wird neugierig sein und kraftvoll schlendern ... wie ein erwachsener kleiner Löwe ... und einen weiten weiten Bogen um diese Kakteen machen

Den Teil mit dem Kaktus verwende ich seltener. Die Geschichte fordert bis zu diesem Zeitpunkt teilweise dazu auf, zu regredieren und eine kindliche Neugier und Unbekümmertheit an den Tag zu legen, bei der es keine Fehler gibt. Dieses „Werdet wie die Kinder" ist auch eine wunderschöne Ressource, um mit neuer Findigkeit zu Lösungen zu gelangen. Manchmal hatte ich jedoch den Eindruck, daß einige Klienten auch unvorsichtig werden und eine zu große Unbekümmertheit an den Tag legen. So hat einmal ein schon beinahe zwanghaft perfektionistischer Fahrdienstleiter bei der Bahn, vielleicht auch durch die neugewonnene Lockerheit und Unbekümmertheit, fast ein folgenschweres Zugunglück verursacht. Zuvor war er im Kollegenkreis unbeliebt gewesen, weil er in langen Dienstjahren nie auch nur einen einzigen Fehler gemacht hatte. Er hat es dann immerhin für ein besseres Verhältnis zu seinen Kollegen nutzen können, indem er selbstironisch feststellte: „Da seht ihr mal wieder. Wozu Ihr Jahre mit vielen kleinen Fehlern gebraucht habt, das habe ich an einem Tag auf einen Schlag übertroffen." Ich habe mir jedoch damals gedacht: „Wenn ich im Flugzeug oder im Zug sitze, dann ist mir ein extrem zwanghafter Fluglotse bzw. Stellwerkbeamter aber gerade recht." Die Passage mit den Kakteen symbolisiert die Grenze der Unbekümmertheit. Kindliches Vertrauen ist eine schöne Ressource, aber nicht nachts um zwei in Frankfurt in der Bahnhofsgegend. Hier wird auch aufgefordert, sich nicht unnötig zum wiederholten Male in derselben Weise verletzen zu lassen. Für Klienten und Klientinnen, die sexuell und physisch mißbraucht wurden, haben die Kakteen spezielle Bedeutung. Für diese Klienten könnte sich der Löwe erinnern, daß er unterdessen gelernt hat, mit Entschiedenheit „Nein" zu sagen und sich dabei wohl zu fühlen.

Die Sinne nach außen orientieren

und so macht er sich auf den Heimweg ... und er wälzt zwei, drei Steine weg ... und er macht diesen weiten Bogen um die Kakteen ... und er sieht, daß jeder Grashalm minimal eine andere Art von Grün hat ... er beobachtet alles viel viel genauer ... in aller Ruhe ... in aller Gelassenheit.

Hier ist nur angedeutet, was in einer Falldarstellung im Kapitel über „Unbewußte Verarbeitung" ausführlicher dargestellt ist. Dort geht es um einen jungen Mann, der sich in Situationen des Verlassenwerdens jedesmal ins Zimmer einschloß und sich in die Suizidalität grübelte. Man kann hier bei einigen Klienten regelrecht von exzellenten selbsthypnotischen Fähigkeiten sprechen. Die Strategie ist hier, die Sinne und Aufmerksamkeit nach außen zu orientieren. Anstatt den Scheinwerfer der Aufmerksamkeit permanent grüblerisch nach innen zu richten, wird hier aufgefordert, neugierig die Augen, die Ohren usw. zu öffnen. Dies ist eine bewährte Teilstrategie bei depressiven, aber auch bei psychosomatisch reagierenden Klienten.

Tiefenentspannung

und irgendwann ... kommt er auf seinen Platz, an sein Wasserloch, in seinem Wald ... und er hört den Wind und dieses permanente Rauschen ... und er legt sich auf seinen Platz ... und er hat das Gefühl, daß es sehr viel interessante Dinge waren an diesem Tag ... und er hat das Gefühl, daß er es verdient hat, einfach nur da zu sein ... und er hört den Wind und das permanente Rauschen wie eine Musik ... und er hört die Vögel ganz anders ... er riecht den Wald ganz anders ... und er ist mehr und mehr einfach nur da ... er weiß nicht, ob er es Meditation nennen soll ... er ist einfach nur da ... vielleicht im Moment ohne Wünsche ... ohne In-

teressen und ohne Bedürfnisse … und er hat sogar das Gefühl, seit er die Entscheidung getroffen hat … um diese Kakteen einen weiten Bogen zu machen … kann er mehr und mehr einfach nur da sein … er hat die Kontrolle … jederzeit … er kann einfach nur da sein … auf die eigene Art und Weise … immer mehr in sich ruhen … jeder Gedanke ist in Ordnung … jede Bewegung ist in Ordnung … kann einfach nur da sein … und aus dieser Ruhe heraus stellt er sich vor, wie er geschmeidig wieder aktiv wird … auf seine Art und Weise … auf eine geschmeidige Art wieder aktiv werden

„Ohne Wünsche, ohne Interessen und ohne Bedürfnisse". Hier biete ich einen tief entspannten meditativen Ruhezustand an. Üblicherweise verlangsame ich hier auch die Sprechweise und werde selbst immer ruhiger und langsamer. Die Pausen zwischen den Worten werden allmählich größer. Diese Passage kann auch auf 20 Minuten ausgedehnt werden. Zum Beispiel für Patienten, die wegen ihrer Krebserkrankung eine Stärkung der körpereigenen Abwehr wünschen. Es gibt Untersuchungen, daß das tägliche Eintreten in einen solch tiefen entspannten Ruhezustand die Überlebenszeit gegenüber der Kontrollgruppe erheblich verlängert. Das hat sich als noch wirksamer erwiesen als die bekanntere Technik nach Simonton, bei der die körpereigene Abwehr visualiert und der Krebs in der Vorstellung aktiv bekämpft wird. Bei der Tiefenentspannungstechnik wird nur versucht, einen möglichst tiefen, völlig entspannten Ruhezustand zu erreichen.

Die Formulierung „er weiß nicht, ob er es Meditation nennen soll" gehört hier normalerweise nicht in diese Passage. Das wirft eine Frage auf, die eher an das kognitive Denken gerichtet ist, und dieser Teil des Bewußtseins soll in dieser Phase eher zur Ruhe kommen. Diese Worte richtete sich an einen Teilnehmer der Gruppenhypnose, der diese Formulierung vor Beginn der Gruppentrance benutzte. Im Abschnitt mit dem Titel „Löwerman's Friend" werde ich darauf näher eingehen. Zusammen mit einem auf diesen Teilnehmer gerichteten Sprechrichtungswechsel diente diese Formulierung dazu, ihn persönlich anzusprechen. (Zur Technik der Tiefenentspannung findet sich in der Zeitschrift *Hypnose und Kognition*: Hypnose und Krebs, 1984. Walter Bongartz an der Uni Konstanz forscht seit Jahren über die körperlichen Mechanismen, auf denen diese Stärkung der körpereigenen Abwehr beruht.)

Zeitverzerrung und Amnesie

und er vergißt die Zeit ... und er weiß nicht, wie lange er so da liegt ... ohne Wünsche, ohne Interesssen und ohne Bedürfnisse ... er ist einfach nur da ... er weiß nur noch, morgens ist es eine ganze Zeit ... ohne Wünsche, ohne Interessen und ohne Bedürfnisse ... er war wach und hat doch irgendwie geschlafen ... er muß irgendwann eingeschlafen sein ... irgendwann später ... Zeit spielt keine Rolle ...

Im obigen Abschnitt über Ratifikation hatte ich dargelegt, daß ich das Trancephänomen Zeitverzerrung zu Ratifizierungszwecken benutze. Am Ende einer ersten Hypnosesitzung frage ich in der Regel, wie lange diese gedauert hat. Die subjektive Wahrnehmung der Zeit ist in hypnotischer Trance verändert. Durch obige Formulierungen erhöhe ich die Wahrscheinlichkeit, daß diese verzerrte Zeitwahrnehmung auftritt, die ich dann später zur Ratifizierung nutze. Gleichzeitig erhöht sich hierdurch auch die Wahrscheinlichkeit, daß vorangehende Passagen in eine Amnesie fallen.

Zukunfts- und Lösungsorientierung

und gegen Morgen hat er diesen Traum ... er weiß es noch ganz genau beim Aufwachen ... er hat diesen Traum ... er kann weit vorausschauen ... weit voraus auf die Zeit, von der aus er zurückschaut ... das ist ein ganz merkwürdiges Gefühl ... weit vorauszuschauen auf den Punkt, von dem aus man zurückschaut ... und er ist so ruhig und so zufrieden an diesem Punkt ... er ist am Ziel ... und was ihn überrascht und was ihn verwundert ... er weiß nichts mehr von diesem Inhalt von diesem Traum ... er weiß noch, daß er ganz detailliert geträumt hat von diesem Punkt weit voraus, von dem aus er zurückschaut ... er erinnert sich dann auch, daß er kurz vor diesem Traum ... wie zwei Stimmen gehört

> hat … er wußte nicht, ob die Stimmen von draußen kommen oder ob die Stimmen von drinnen kommen … und die eine Stimme war immer so kritisch … und hat ihn beschuldigt … und er lügt … und die andere Stimme war eine wunderbar sanfte anerkennende Stimme … und die eine Stimme war immer so vorwurfsvoll … und diese Stimmen wechselten sich immer ab … *und plötzlich konnte er weit vorausschauen auf den Punkt, von dem aus er zurückschaut … angenehm … er sieht sich an dem Punkt, an den er wirklich hinwill …*

In diesem Teil deute ich an, wie man lösungsorientierte Therapie in eine Geschichte einbauen kann. Dieser Aspekt Ericksonscher Psychotherapie wurde in den letzten zehn Jahren vom Team um Steve de Shazer auf vielfältige Weise verfeinert und ausgebaut. Eine Variante dabei ist die Wunderfrage: „Stellen Sie sich vor, es ist ein Wunder geschehen. Beschreiben Sie mir diese Situation. Was ist das erste, woran Sie merken, daß das Wunder geschehen ist? Und was geschieht dann als nächstes in dieser Situation, in der das Wunder eingetreten ist." Der Klient beschreibt und „halluziniert" nun detailliert dieses Wunder. Um diese Aufgabe auszuführen, müssen die üblichen Denkmuster verlassen werden. Oft bekommen die Klienten und eventuell anwesende Beziehungspartner und Familienangehörige dabei selbst überraschend neue Einsichten, was sie eigentlich und wirklich wollen. Einmal wählte ich eine etwas andere Variante dieser Wunderfrage. Ich forderte eine Klientin auf, so zu tun, als ob wir uns einige Jahre später zu einem Nachgespräch treffen würden und sie würde mir erklären, wie sie es geschafft habe, ihre Probleme so schnell zu lösen, und wie ihr aktuelles Leben momentan völlig zufriedenstellend verläuft. Die Klientin war nach kurzer Zeit so real in der Zukunft, daß ich etwas Mühe hatte, in diese Realität mit einzutauchen. Nachdem sie wieder reorientiert in der Gegenwart ankam, zeigte sie sich selbst sehr überrascht, was sie alles erlebt und erzählt hatte. Sie meinte: „Bis heute war ich immer der Meinung, ich müßte zuerst den richtigen Mann finden, um meine Probleme zu lösen und zur Ruhe zu kommen. Jetzt habe ich erlebt, wie ich mit meiner Tochter alleine lebe und mich dabei völlig wohl fühle. Das ist eine wirklich neue und wichtige Information für mich."

Durch dieses lösungsorientierte Vorgehen treten oft überraschende Änderungen selbst bei chronifizierten Problemen auf.

Hier benutze ich eine interessante Formulierung von Erickson, um diese Lösungsorientierung anzudeuten: „Schau weit voraus auf den Punkt, von dem aus du zurückschaust."

Ich erinnere mich, diese Vorgehensweise vor beinahe 20 Jahren als Student einmal bei Gunthard Weber gesehen zu haben. Gunthard Weber hat damals einen Klienten aufgefordert, sich vorzustellen, er sei 70 Jahre alt und sitze zufrieden im Lehnstuhl. „Nimm an, du könntest als heute 40 Jahre alter Mann dem 70 Jahre alten Mann Fragen stellen, wie er es gemacht hat, dort so zufrieden anzukommen." Das ist dieselbe Idee: „Schau weit voraus auf den Punkt, von dem aus du zurückschaust." Dies läßt sich in hypnotischer Trance innerlich durchspielen, und der Therapeut gibt von außen nur anleitende Prozeßinstruktionen. Der Klient könnte in Trance sprechen und den Ablauf schildern, während der Therapeut unterstützend begleitet. Weitere Möglichkeiten wären ein Rollenspiel, in dem das Jahr 2020 gespielt wird, die Time-line-Technik des NLP zu verwenden oder im Rahmen von Gestalt-Techniken für die beiden Lebensalter zwei Stühle zu benutzen. In den letzten Jahren benutze ich häufiger schriftliche Hausaufgaben. Die obige Passage in der Hypnose dient im Sinne des „Säens" als Vorbereitung für die Hausaufgabe.

Die Hausaufgabe formuliere ich in der Regel wie folgt:

> „Angenommen, es wird später ein Film über Ihr Leben gedreht. Mit all den Szenen und Problemen, die Sie mir gerade erzählt haben. Und angenommen, der Film hat ein Happy-End in – sagen wir bei Ihnen: heute plus 10 Jahren. Wie sieht das Happy-End dieses Films aus? Ich hätte gerne bis in vier Wochen von Ihnen ein Drehbuch für dieses Happy-End. Es sollte jedoch ein künstlerisch gestaltetes Happy-End sein. Nicht so heimatfilmartig mit Einfamilienhaus am Waldrand mit Sonnenuntergang und die Rehe äsen im Garten. Die Schlußszene sollte Teile enthalten, bei denen die Zuschauer anschließend etwas zu diskutieren haben. Vielleicht, weil im Abspann eine bestimmte Nachricht in der Tagesschau des Jahres 2007 verlesen wird. Vielleicht liegt ein bestimmtes Buch auf Ihrem Nachttisch. Lassen Sie sich die vier Wochen

Zeit und bringen Sie mir auf zwei Seiten das Drehbuch dieser Happy-End-Szene mit."

Um diese Aufgabe auszuführen, ist zu Hause ein quasi-hypnotischer Prozeß notwendig. Der Klient muß zum einen sein Ziel definieren und soll dies auch noch symbolisieren. Das impliziert innere Suchprozesse, einen komplexen inneren Dialog. Er muß sich immer wieder nach innen orientieren und sich auf die Suche begeben. Ein motivierter Klient führt auf diese Art manchmal den Prozeß vieler Therapiestunden über solche Hausaufgaben selbst durch, und die Aufgabe dient dabei als Katalysator.

Der Vollständigkeit halber ...

er erinnert sich dann auch, daß er kurz vor diesem Traum ... wie zwei Stimmen gehört hat ... er wußte nicht, ob die Stimmen von draußen kommen oder ob die Stimmen von drin kommen ... und die eine Stimme war immer so kritisch ... und hat ihn beschuldigt ... und er lügt ... und die andere Stimme war eine wunderbar sanfte anerkennende Stimme ... und die eine Stimme war immer so vorwurfsvoll ... und diese Stimmen wechselten sich immer ab ...

Der Vollständigkeit halber möchte ich noch anmerken, daß die Passage mit den beiden Stimmen sich wieder auf eine Seminarteilnehmerin bezieht, die ihr Problem und ihr persönliches Ziel teilweise mit diesen Worten beschrieben hat. Bei deren Ziel sah ich diese Zukunftshalluzination als interessante Möglichkeit an.

Amnesie und Überleiten in die Rahmengeschichte

und er ist überrascht nach dem Aufwachen ... daß ihm viel viel wichtiger ist tief drin ... daß er genau weiß, daß er tief drin diesen Traum hat ... es ist ihm viel wichtiger, daß er weiß, daß er es weiß ... tief drin ... als daß er inhaltlich weiß, daß er was er weiß ... und das ist überraschend für ihn, normalerweise möchte er immer genau wissen, was er weiß ... und jetzt ist es ihm plötzlich viel viel wichtiger, daß er es weiß ... und er ist sich sicher, er wird sich erinnern ... im richtigen Moment ... wie von alleine ... so wie er so oft irgendwo auf der Jagd war ... zurück in ein Gebiet ging, in dem er gelebt hat, bevor er in den Wald ging ... und er war Jahre nicht dort ... und er könnte niemand mehr beschreiben, wie es dort aussieht ... und doch weiß er ganz genau, wenn er dort ist, wird er sich erinnern ... er wird wissen, wo er abzubiegen hat ... er wird wissen, wie er sich zu entscheiden hat ... er wird sich erinnern, obwohl er es im Moment niemand beschreiben kann ... und es gibt ihm diese Sicherheit ... diese Lockerkeit ... er weiß tief drin, daß er es weiß ... und so kann er einfach, wie er morgens aufwacht ... einfach das erste tun, was zu tun ist ... ganz gelassen ... er ist ganz überrascht über sich ... er tut einfach das erste, was zu tun ist ... es darf alles so sein, wie es ist ... und es ist eine Überraschung für ihn ... eine große Überraschung ... als ich anrief ... und ich ließ es einmal klingeln ... und zweimal klingeln ...

Wie früher beschrieben, erhöht sich durch das plötzliche Überleiten in eine vorige, nicht abgeschlossene Geschichte die Wahrscheinlichkeit für eine Amnesie. Ich gehe hier ziemlich abrupt zurück in die Geschichte mit dem kleinen Jungen, der Angst hat. Zuvor spreche ich das Thema Amnesie etwas direkter an, indem der Löwe Dinge weiß, die er nicht weiß. Der Löwe weiß tief drinnen, wohin er wirklich will und wacht mit dieser Sicherheit auf und tut einfach das erste, was es an diesem Tag zu tun gibt. Dies ist ein Teil, der sich für Klienten ausbauen läßt, die alles zehnmal durchdenken und von daher selten oder nie zur Sache kommen.

Reorientierung

eine große Überraschung ... als ich anrief ... und ich ließ es einmal klingeln ... und zweimal klingeln ... ich hatte ja versprochen ... ich rufe an ... nach zwanzig Minuten ... aber ich hatte nicht damit gerechnet, daß der kleine Bub schläft ... weil an dieser einen Stelle der Geschichte ... wie der Löwe nicht an das Wasser kann ... da fing er heftig an zu atmen ... heftiger und heftiger ... und ich fragte ihn, weinst du? ... aber er konnte nicht antworten ... immer heftiger wurde sein Atem ... und die Schmetterlinge ... und Löwe hin und Löwe her ... und der Löwe schlürft dieses Wasser und er atmete auf ... und man hört es am Telephon ... sein Atem wird ruhiger und ruhiger ... und ich habe ihm versprochen, ich rufe ihn an in zwanzig Minuten ... und ich ließ es viermal klingeln und fünfmal klingeln ... und dann habe ich ganz schnell aufgelegt, ich wollte ihn nicht aufwecken ... und seine Mutter rief an ... am nächsten Morgen und hat sich bedankt ... sie war nur ganz kurze Zeit weg und dachte, er schläft ... diese Anrufe von Müttern, damals Ende der sechziger Jahre ... überraschend auch für BBC ... und ob das bewußte Denken Ideen hat ... wie wirkt diese Geschichte auf Kinder ... und wie wirkt diese Geschichte auf Erwachsene ... und wie wirkt diese Geschichte auf das Kind im Erwachsenen ... und welches Problem hatten diese Kinder ... damals in England ... und die Mütter, die die Leserbriefe schrieben oder besser gesagt Hörerbriefe ... voller Überraschung ... weil die Kinder ein bestimmtes Problem nicht mehr hatten ... Wirkungen von Geschichten ... und wer hat lieber darüber reflektiert ... wie sich orientalische Märchen von europäischen unterscheiden ... und wer hat dieses permanente Rauschen draußen gehört und die Autos gezählt ... und wer hat eher sich auf diese Ziele konzentriert ... auf persönliche Ziele ... und mit dem eigenen Tempo mehr und mehr in die Realität ... und diejenigen, die die Augen schon offen haben ... können registrieren, wie jeder und jede eine eigene Art hat im Zurückkommen ... bei manchen sich zuerst die Augen zurückorientieren ... und der Körper noch eine Weile in tiefer Entspannung bleibt ... und bei anderen regt sich zuerst der Körper, streckt sich und reckt sich ... und die Augen haben Mühe, sich zu öffnen ... bevor dann mit zwei, drei erfrischenden Atemzügen die Augen und der Körper frisch und wach hierher zurückkommen ... und alle diese Dinge, die bewußt zu erinnern sind, können bewußt erinnert werden ... und alle Dinge, die eher im Unbewußten bleiben sollen, können vorerst im Unbewußten bleiben ... ... und diejenigen, die noch nicht auf die Uhr geguckt haben, die können wieder überlegen, wie lange die Geschichte diesmal gedauert hat ... ... und was das subjektive Zeitempfinden sagt ... ...

Es ist interessant, daß in der Regel keine „offiziellen" Reorientierungssuggestionen wie „Sie kommen wieder zurück" nötig sind. Ich greife statt dessen einfach Geschehnisse, Themen und Stichworte vom Anfang der Induktion wieder auf. Die Klienten reorientieren sich von alleine, da die Themen vom Anfang wieder genannt werden und so das Wachbewußtsein wieder angesprochen wird. An meinem früheren Arbeitsplatz in der Universitätsklinik Heidelberg hörte man sehr oft Flugzeuge, und an meinem jetzigen Arbeitsort Rottweil ist die Bahnlinie sehr nahe. Wenn ich anfangs zu Beginn der Hypnoseinduktion die Außengeräusche von Flugzeugen oder Zügen angesprochen habe, komme ich hier einfach wieder darauf zurück: „... ist das noch dasselbe Flugzeug, ist der Pilot schon gelandet, ist er schon in der Mittagspause?" bzw. „... und wo mag jener Zug unterdessen sein, und welche Passagiere sind dort schon am Ziel ...?" In der vorliegenden Gruppenhypnose greife ich hier wieder die Anfangsthemen wie BBC, der kleine Junge, wie wirkt die Geschichte auf Kinder und wie auf Erwachsene etc. auf. Dies impliziert für die meisten, sich wieder zu reorientieren. Mit dieser Technik ist es möglich, zur Reorientierung aufzufordern, ohne etwas von Zurückkommen zu sagen. Zusätzlich verändert sich natürlich auch der Tonfall meiner Stimme und das Sprechtempo mehr in Richtung Sprechweise im Wachbewußtsein. Ganz am Schluß der Reorientierungsphase ist es auch sinnvoll, die Klienten aufzufordern, sich zu strecken und zwei oder drei Mal tief Luft zu holen.

5. Wirkungsebenen und -mechanismen therapeutischer Geschichten

a) Geschichten, die Suchprozesse auslösen

Mittels innerer Suchprozesse zu arbeiten ist eine der kreativsten Möglichkeiten der Hypnotherapie. Sie beschränkt sich jedoch nicht auf die Nutzung der Hypnose allein. Diese Vorgehensweise läßt sich über das Erzählen von Geschichten vorzüglich auch ohne Verwendung formaler Hypnose einsetzen. Zeig (1985) hat darauf hingewiesen, daß das Erzählen von Geschichten formal eine Reihe von Ähnlichkeiten mit Hypnose aufweist.

Ein guter Geschichten- oder Märchenerzähler schafft es auch ohne eine formale Induktion, bei vielen Zuhörern eine so hohe Fokussierung der Aufmerksamkeit zu erreichen, daß hypnotische Phänomene wie ideomotorische Bewegungen, Zeitverzerrung, Bilder von halluzinativer Intensität, Dissoziation vom aktuellen Körpererleben etc. auftreten können. Ein gutes, spannendes Buch oder ein entsprechender Kinofilm induzieren ähnliche Phänomene. Manch guter Film ist plötzlich zu Ende, und man kann es nicht fassen, daß schon 100 Minuten vergangen sein sollen. Während man in diesen kurzweiligen Film eingetaucht war, hatte man die Zeit völlig vergessen. Die Induktion einer Hypnose erzeugt diese hohe Fokussierung der Aufmerksamkeit gezielt, und in diesem Zustand sind dann die Bilder intensiver, und man hat neue Ideen, auf die man im normalen Wachzustand nicht kommt, weil sie außerhalb der gewohnten Denkbahnen liegen.

Wie die Arbeit mittels Suchprozessen zu verstehen ist, möchte ich an zwei Fallbeispielen verdeutlichen, von denen nur eines die formelle Verwendung von Hypnose mit einschließt.

Der „Rorschach" im Bahnhof von Biel
In der Schweiz gibt es eine Gruppe von Kollegen, die diese Arbeit über Suchprozesse auf geniale Art in ihre unternehmensberaterische Arbeit mit einbezogen haben (Schneider 1995).

Ich skizziiere im folgenden einen Fall dieser Gruppe, den mir Philipp Schneider 1990 als typisch für seine Arbeit mitgeteilt hat.

Ein Unternehmensgründer einer seit Jahren expandierenden Firma kommt mit folgendem Problem: Mit auffallender Regelmäßigkeit kündigen Mitarbeiter aus seinem Führungsstab völlig unerwartet und wandern zur Konkurrenz ab. Dies sei völlig unerklärlich, da er über Tarif bezahle und auch das Betriebsklima allgemein gelobt werde. Der Berater hört sich diese Schilderung an und antwortet: „Sie, im Bahnhof von Biel hängt eine Werbung. Wenn Sie die sehen, dann ist Ihnen manches klar", und entläßt den Kunden mit der Aufgabe, diese Werbung zu finden.

Der Kunde kommt nach drei Wochen und äußert sich schon beim Betreten des Zimmers anerkennend über die intelligente Aufgabe. Er habe den ganzen Bahnhof abgesucht und sich oft überlegt, ob das die vom Berater gemeinte Werbung sein könne. Schließlich habe er in der Unterführung ein Plakat gefunden, von dem er wichtige Denkanstöße für Reorganisationsmaßnahmen in seiner Firma erhalten habe.

Aus Vertraulichkeitsgründen konnte mir der Kollege keine Einzelheiten mitteilen. Dies hat jedoch bei mir Suchprozesse in Gang gesetzt. Welche wichtigen Denkanstöße könnten aus einem Werbeplakat resultieren?

Ich bin auf folgende Ideen gekommen: Der Firmenchef könnte eine Mercedes-Werbung für die S-Klasse gesehen und dabei plötzlich eine Einsicht gehabt haben: Vor einigen Jahren habe ich selbst noch so große Wagen gefahren. Unter dem Einfluß meiner Frau und vor allem meiner Tochter habe ich ein anderes Umweltbewußtsein entwickelt und fahre jetzt einen Golf Diesel. Vielleicht wollen einige in der Firma so einen Mercedes fahren und befürchten Witzeleien, wenn sie mit ihrem dicken Auto neben meinem bescheidenen Golf parken würden. Oder sie denken gar, daß ich oder meine Frau sie damit konfrontieren könnten: „18 Liter auf hundert Kilometer! Glauben Sie eigentlich, das ist zeitgemäß und verantwortlich?" Um sich diese Diskussionen zu ersparen, wandern sie dann zur Konkurrenz ab und erfüllen sich den alten Traum vom Ferrari.

Oder: Irgendwo hängt eine Werbung für ein Delikatessen-Geschäft. Dem Firmenchef fällt ein, daß seine Frau sehr gerne kocht und er seine Top-Leute ab und zu privat zu sich einladen könnte. Vielleicht wäre auch ein Arbeitsessen ab und an oder ein Betriebsausflug eine Möglichkeit, die wichtigsten Leute persönlich an ihn zu binden. Bisher wurde immer alles über Gehalt und Gratifikationen versucht, und es wäre unter Umständen wirksamer, einen Teil dieses Geldes in solche geselligen Aktivitäten zu investieren.

Der Schweizer Kollege hat seinem Klienten eine Art „zielorientierten Rorschach" gegeben. Objektiv gesehen weiß niemand mehr über diese Firma als der Mann, der sie gegründet und aufgebaut hat. Doch all dieses Wissen nutzte ihm nichts, da er bisher keinen Grund für diese rätselhaften Kündigungen fand. Die „Werbung" im Bahnhof, Plakate und was immer „im Bahnhof hängt eine Werbung" heißen mag, bilden eine Serie zielorientierter Rorschachtafeln. Der Klient hat sein Unternehmen und seine Fragestellung im Kopf und projiziert diese Themen auf die Werbung im Bahnhof. Selbst wenn er das vom Berater intendierte Plakat nicht sofort findet, hat er jede Menge neue Ideen. Wenn ich zwanzigmal zum Schluß komme, diese Werbung kann nicht gemeint sein, und immer wieder mal zweifle, ob nicht doch gerade diese Werbung gemeint sein könnte, habe ich vermutlich jede Menge neuer Ideen sogar für andere Unternehmensziele und Fragestellungen. Der Firmengründer supervidierte sich mit Hilfe dieser Werbeplakate sozusagen selbst.

Fall: „Wer zuletzt kommt, den belohnt das Leben"

Vor einigen Jahren meldete sich ein Kollege, der in seinem Psychotherapieverfahren mit guter Reputation als Ausbilder tätig ist. Nach vielen Berufsjahren hatte er sich eine Auszeit gegönnt und unter anderem in den USA nach neuen Ideen und Konzepten gesucht. Dabei kam er mit Hypnotherapie in Kontakt und besuchte Workshops bei Jeffrey Zeig und Stephen Lankton. Vor allem von Jeff Zeig war er sehr beeindruckt. Jeff Zeig demonstrierte in einem Workshop seine Art des Arbeitens und bereitete diese Demonstration mit den Teilnehmern ausführlich vor und nach. Der Kollege fand es faszinierend, auf wie vielen Ebenen gleichzeitig Zeig arbeitete und daß er am Schluß dem Klienten eine Visitenkarte gab, auf deren Rückseite er noch mal eine Suggestion aufgeschrieben hatte, die der Klient irgendwann später einmal entdecken mußte. Der Kollege faßte in diesem Workshop Hoffnung, ein altes chronifiziertes Problem mit Hilfe von Hypnotherapie vielleicht doch noch lösen zu können. Er fragte Zeig um einen Therapieplatz, der ihn jedoch nach Deutschland an mich verwies.

Der Kollege schilderte im Erstgespräch, daß er das Problem des vorzeitigen Samenergusses seit Beginn seiner Ehe vor 17 Jahren habe. Alle Behandlungsversuche seien gescheitert, was für ihn, aber auch für seine Frau sehr frustrierend sei. „Und wenn wir schon dabei sind", fügte mein Klient an, „können Sie gleich noch ein zweites Problem mit in die Hypnosesitzung einbinden." Er erzählte, daß er sich in den USA über sich selbst sehr geärgert habe und von sich enttäuscht gewesen sei. Er habe festgestellt, viel unsicherer zu sein, als er selbst geglaubt habe. In Deutschland kenne ihn in seinem Berufsfeld jeder, und in den USA kannte ihn niemand. In den Vorstellungsrunden der amerikanischen Workshops sei er so unsicher gewesen wie in seiner Schul- und Studentenzeit, und das habe ihn doch sehr geschockt. Er habe nicht gewußt, wie sehr er seinen Namen und seine Reputation brauche, um sich sicher zu fühlen. Vielleicht könne ich in die Hypnose etwas einbauen, so daß sich in bezug auf seine Selbstsicherheit etwas ändere. „Und wenn wir schon dabei sind ...", und er nannte noch ein drittes psychosomatisches Problem und hoffte, daß ich dies auch in die Behandlung mit einbinden könnte.

Einerseits war diese große Hoffnung, die frische Begeisterung und das Vertrauen in die Möglichkeiten der Hypnose eine Ressource, andererseits fühlte ich mich „etwas" unter Druck, diesen Erwartungen gerecht zu werden. Wir vereinbarten fünf Sitzungen, und ich setzte mich dann einige Tage später hin, um mich auf die erste Hypnosesitzung vorzubereiten. Ich spürte meine Zweifel, ob ich das sexuelle Problem, wie vom Klienten gewünscht, mittels Hypnose angehen sollte. Meine Tendenz ging eher in Richtung Paartherapie und Einbeziehen der Frau. Dagegen standen die große Hoffnung des Klienten auf Lösungsmöglichkeiten mittels Hypnose und die gescheiterten Therapieversuche mit anderen Verfahren. Dazu kam, daß es sich um einen erfahrenen Kollegen handelte. Ich dachte, wenn er seinen Behandlungswunsch in dieser Art definiert hat, dann möchte ich das auch akzeptieren. Nur – mir fiel wenig ein, wie ich das Problem hypnotherapeutisch angehen sollte. Vage Ideen von Musterunterbrechung und -veränderung im sequentiellen Ablauf des Problemverhaltens waren vorhanden, aber nichts, was sich zu einem schlüssigen Konzept formte. Irgendwann hißte ich dann innerlich die weiße Flagge und gab auf. Ich beschäftigte mich dann mit dem zweiten definierten Therapieziel, der Überwindung der Schüchternheit. Hier hatte ich sofort mehr Ideen, und eine Strategie begann sich zu formieren, und bald hatte ich ein Konzept für eine Geschichte in der Geschichte in der Geschichte, deren formale Struktur den Techniken von Lankton und Lankton und den beschriebenen Vorgehensweisen von Zeig zumindest ähnlich war. Ich entschloß mich schließlich, die erste Hypnosesitzung mit diesem auf das zweite Therapieziel gerichteten Aufbau zu bestreiten, und wollte bezüglich des ersten Therapiezieles für eine spätere Sitzung den Rat von Kollegen einholen und fachspezifische Literatur studieren.

Der Klient kam zur zweiten Sitzung, und ich forderte ihn auf, mit Selbsthypnose zu beginnen. Ich wußte, daß er in den amerikanischen Hypnose-Seminaren auch Selbsthypnose kennengelernt hatte. Er war etwas verwundert, nahm jedoch nach einem kurzen Moment eine entspannte Haltung ein und begann mit Selbsthypnose. Ich wählte diese Vorgehensweise, um anzudeuten, daß vor allem er die Arbeit tun müsse und er sich nicht so stark auf die Hypnose von außen verlassen solle. Nach einer Weile begann ich, eine Serie von vorbereiteten Geschichten zu erzählen:

> *Wir hatten Klassentreffen. Zwanzig Jahre Abitur. Wir trafen uns in diesem Lokal in Freiburg. Das Lokal gehört einem unserer Schulkameraden. Wir standen beinahe eine Stunde fasziniert herum. Die meisten hatte ich nicht mehr gesehen seit der Abiturfeier. Einige hatten sich sehr verändert und andere kaum. Einer stand dabei, den keiner erkannte. Wir dachten erst, der hat sich eingeschlichen. Er schien sich jedoch köstlich zu amüsieren, daß ihn keiner erkannte. Als alle anderen da waren, haben wir ihn eher nach dem Ausschlußprinzip identifizieren können. Er halte sich wirklich sehr verändert. Irgendwann nahm es der ehemalige Primus in die Hand: „Leute, setzt euch alle mal hin und bestellt was zu Essen. Und dann erzählt jeder mal der Reihe nach, was alles in den zwanzig Jahren passiert ist – wie oft verheiratet, wie oft geschieden, welche berufliche Karriere usw. – und damit*

es keine langen Diskussionen gibt, machen wir es wie früher: alphabetisch. So geschah es. Alle setzten sich hin und bestellten etwas zu Essen. Schließlich begann der erste zu erzählen. Mit meinem Namen war ich schon vor zwanzig Jahren der letzte im Alphabet. So hatte ich viel Zeit zuzuhören. Es war sehr interessant. Aber nicht lange. Plötzlich erinnerte ich ein altes Schultrauma, das ich vergessen hatte. Die Erinnerung war stark und mächtig. Damals bekamen wir eine Französin als neue Französischlehrerin. Jung und attraktiv. Aussehen und Figur wie eine Filmschauspielerin. Wir waren überwältigt. Auch diese Lehrerin schlug damals vor, daß wir uns alle in alphabetischer Reihenfolge vorstellen sollten. In unserer großen Klasse war ich der letzte im Alphabet. Sehr viel Zeit, Nervosität aufzubauen. Je länger diese Vorstellungsrunde dauerte, desto unruhiger wurde ich. Schließlich näherte sich der Moment, an dem ich mich vorstellen sollte. Ich wollte einen guten Eindruck machen und elegant in meine Vorstellung einleiten. „Ich bin der letzte im Alphabet und heiße …", so wollte ich beginnen. Damals gab es so eine Art „Szene-Spruch" bei uns in der Klasse: „Du bist der letzte Mensch, du bist doch der letzte Vogel, du bist der letzte …". Diese Äußerungen fielen häufig dieser Tage. Schließlich war ich an der Reihe, und ich wollte sagen: „Ich bin der letzte im Alphabet und heiße …" Leider blieb ich stotternd hängen und sagte nur: „Ich bin der Letzte …" und verstummte. Die ersten begannen zu kichern, und ich stand gedemütigt da. Wochen haßte ich mich selbst, daß ich so blöde war, mich selbst vor dieser attraktiven Frau und der ganzen Klasse so in die Pfanne zu hauen. Diese Szene tauchte nun an unserem Klassentreffen auf – mit einer beeindrukkenden Mächtigkeit. Ich spürte einen starken Zwang, meine Vorstellung wiederum mit dem Satz „Ich bin der Letzte" zu beginnen … Unterdessen war Ruprecht an der Reihe. Ruprecht war früher noch schüchterner und gehemmter als ich. Er hatte inzwischen in der Wirtschaft Karriere gemacht und saß da im teuren Nadelstreifenanzug, mit Krawatte, golde-

ner Krawattennadel, Brille und graumelierten Schläfen. Man hätte ein Werbephoto für eine Bank oder einen Versicherungskonzern anfertigen können. Auch Ruprecht hatte offensichtlich seine Probleme mit dieser Situation. In diesem Klassenkontext kannte man ihn als einen anderen als den, der er unterdessen geworden war. Er stellte sich verbal in wohlgesetzten Worten vor. Nonverbal wirkte er deutlich unsicherer und schwitzte stark. Daß ich ihm als Psychotherapeut genau gegenüber saß, machte es für ihn nicht einfacher. Ich nahm mir vor, mich nachher als 40jähriger und nicht als 15jähriger vorzustellen. Da war jedoch nach kurzer Zeit wieder dieser Satz: „Ich bin der Letzte …", und ich spürte den Zwang und Druck, wiederum so zu beginnen. Mir war klar: Wenn mir nicht schnell etwas Gutes einfallen würde, würde es mir genauso oder noch schlechter als Ruprecht ergehen.

In dieser Situation fiel mir eine Workshopsituation in Ost-Berlin ein. Es war noch vor der Wende. Einer meiner nicht offiziell gemeldeten Workshops im Kellergewölbe des französischen Doms in Berlin. Es kam zu einem Konflikt zwischen einem Ostberliner Arzt und mir. Ich hatte etwas falsch dargestellt, und der Kollege nahm mir die Seminarleitung zeitweise aus der Hand. Die Situation wurde immer angespannter. Ich war verunsichert und verärgert. Und der Ostberliner Kollege stellte immer wieder seine Fragen und war dominant. Ich hatte das starke Bedürfnis, mich wieder ins Gleichgewicht zu bekommen. Nur wie?

In dieser Situation erinnerte ich mich an den ersten Workshop, den Gunther Schmidt und ich in Gunthers neuen Räumen gehalten hatten. Siebeneinhalb Tage am Stück. Klotzen, nicht Kleckern, dachten wir. Wir beide waren allerdings recht unsicher ob unserer Idee, uns selbständig zu machen. Beide hatten wir sichere Stellen an der Universitätsklinik aufgegeben. Gunther nach fünf Jahren bei Helm Stierlin und ich meine Stelle an der Stimm- und Sprachabteilung der Universitätsklinik. Beide hatten wir Familie mit kleinen Kindern und verzichteten plötzlich auf Lohnfortzahlung im Krankheitsfall und andere Annehmlichkeiten. Wir wußten nicht, ob diese Idee wirklich so gut war. Dieser erste Workshop in Gunthers neuen Räumen lief sehr gut. Schließlich war es Samstagnachmittag. Vorletzter Tag. Gunther und ich standen in der Küche, um uns zu besprechen. Die Gruppe saß schon geschlossen im Gruppenraum und wartete. Schließlich betraten wir den Raum. Wir waren überrascht. Auf dem Boden standen zwei Päckchen. Verpackt wie Weihnachts- oder Geburtstagsgeschenke. Die Gruppe schaute erwartungsvoll. Es war klar. Wir sollten diese Päckchen nun öffnen. Gespannt öffnete jeder von uns ein Päckchen. Wir mußten lachen. In einem der Päckchen war ein Steif-Tier – eine Maus mit einem sehr langen Schwanz. Das war eine Anspielung auf Gunthers Erzählung, wie er seine Rattenphobie überwinden konnte. In meinem Päckchen war ebenfalls ein Steif-Tier. Ein wunderschöner kleiner Biber. Die Geschenke waren die Anerkennung einiger Gruppenteilnehmer für unser Seminar. Dieser kleine Biber bedeutet mir sehr viel. Manchmal nehme ich ihn in schwierige Seminare und schwierige Situationen mit, damit ich mich immer und leicht erinnere: „Ich kann was, ich bin was, und andere mögen mich." Dieser Biber fiel mir nun in diesem Seminar im Kellergewölbe des französischen Doms ein. Als der Kollege mir eine weitere Frage stellte, habe ich versucht, meinen Biber imaginär auf seine Schultern zu setzen. Ich habe von da an nicht mehr zu ihm gesprochen, sondern zu meinem Biber. Es hat mich zunehmend amüsiert, daß es mir mehr und mehr gelang, meinen Biber auf seiner Schulter zu halluzinieren. Ich wurde wieder lockerer und humorvoller. Am Ende des Seminars konnten wir uns lächelnd voneinander verabschieden.

Und als ich schließlich beim Klassentreffen an der Reihe war, konnte ich mich als 40jähriger vorstellen. Ich war mit meiner Vorstellung danach sehr zufrieden.

Anschließend forderte ich den Klienten auf, mittels seiner Reorientierungstechnik wieder zurückzukommen.

Ich selbst war nach dieser Stunde mit mir nicht sehr zufrieden. Erstens hatte ich keine geeignete Hypnosesitzung für das primäre Ziel des Klienten entwickelt, und zudem hatte ich die Befürchtung, daß die Vorgehensweise für den Klienten zu offensichtlich war. Ich befürchtete, daß er mehr erwartet hatte und der ganze Aufbau zu durchsichtig für ihn gewesen sei.

Nach drei Wochen kam er zur dritten Sitzung. Ich war sehr erleichert, als er beschwingt den Gang entlang kam und mich offensichtlich gut gelaunt begrüßte. Er setzte sich und begann zu erzählen: „Das war ja genial, wie Sie mein Sexualproblem gelöst haben." Ich hatte Mühe, meine Überraschung zu verbergen. Er fuhr fort: „Diese Implementierung eines Zwangsgedankens. Ich bin diesen Satz tagelang nicht mehr losgeworden. ‚Ich bin der Letzte. Ich komme nach meiner Frau. Ich bin der Letzte.' Noch nie habe ich so toll mit meiner Frau geschlafen. Es war hervorragend. Einmal war ich mit meinen Söhnen und Freunden auf dem Fußballplatz, und wir haben ein Elfmeterschießen gemacht. Wir haben eine Reihenfolge festgelegt. Einer meiner Söhne sagte: ‚Ich bin der Letzte', und ich war sofort dagegen und habe gesagt: ‚Nein, ich bin der Letzte!' Dann habe ich gemerkt, daß ich auf dem Fußballplatz bin und nicht zu Hause im Bett."

Ich war meinem Klienten gegenüber so ehrlich und sagte: „Das war eigentlich nicht meine Idee. Meine Annahme war, Sie würden Ihr Problem auf andere Art lösen." Ich dachte mir, vielleicht sucht und findet er in der Serie von Geschichten noch weitere Lösungsideen, die die Entwicklung fördern und stabilisieren können.

Er antwortete: „Wieso? Als Sie von der attraktiven Französin erzählten, war mir klar: Jetzt geht es um Sexualität. Jetzt muß ich aufpassen. Wo kommt die Suggestion? Wie hat er die Lösung verpackt? Und der Satz: ‚Ich bin der Letzte' gewann dann diesen zwanghaften Charakter."

Was der Klient hier erzählt, beschreibt gut die Technik des Arbeitens über Lösungssuchprozesse. Von dem Stichwort „attraktive Französin" an suchte er hochkonzentriert nach der therapeutischen Lösungsbotschaft und fand sie. Als ich nachträglich meine Serie von Geschichten analysierte, fand ich, daß meine vorausgegangene Beschäftigung mit dem sexuellen Therapieziel doch an der einen oder anderen Stelle durchschimmerte, obwohl ich mich bewußt auf das Thema Schüchternheit und Unsicherheit konzentriert hatte. Einige Wochen später berichtete mir der Klient, daß er sich auf dem Fest einer großen internationalen Hypnosetagung zum ersten Mal sicher und wohl gefühlt habe, obwohl er kaum jemanden gekannt habe. Möglicherweise haben in bezug auf das zweite therapeutische Ziel diese Geschichten unterschwellig gewirkt. Der unterschwellige Wirkmechanismus von Geschichten wird im nächsten Abschnitt ausführlicher dargestellt werden.

Die weiteren Therapiestunden wollte der Klient nutzen, um an seinem psychosomatischen Ziel zu arbeiten. Hier zeigte sich jedoch keine Wirkung. Dies war einerseits verwunderlich, da der Klient mir durch das Erreichen seines primären Zieles hohe Kompetenz zuwies und sein präsentiertes körperliches Problem sich mit Hypnose normalerweise verändern oder zumindest verbessern läßt. Andererseits war durch das Erreichen der ersten beiden Ziele genügend Neues geschehen, so daß möglicherweise zunächst „gesunde“ Widerstände gegen weitere Veränderungen bestanden.

Über sechs Jahre später meldete sich dieser Kollege wieder und wünschte nochmals einige Hypnosesitzungen mit dem Ziel, endlich das Schreiben eines Buches in Angriff zu nehmen. Dabei erfuhr ich, daß es in bezug des vorzeitigen Samenergusses seither kein Problem mehr gegeben hatte. Ganz wenige Male sei er noch zu früh gekommen. Das beeinflusse oder störe ihn jedoch nicht, weil er davon ausgehe, daß dies normal sei.

Geschichten können unterschwellig wirken. Teile der therapeutischen Kommunikation – mit oder ohne Hypnose – können außerhalb der bewußten Wahrnehmung registriert und verarbeitet werden oder nach der bewußten Wahrnehmung einer Amnesie unterliegen. Es geschieht immer wieder, daß von mir ohne formelle Hypnose erzählte Geschichten bereits eine Therapiestunde später nicht mehr erinnert werden, obwohl der therapeutische Effekt der Geschichte spürbar ist. Dies ist jedoch ein Geschehen, das so auch spontan im Alltag stattfindet. Vielleicht erinnern sich einige an diesen Effekt von Kinobesuchen. Der Film berührt persönlich, man kommt nach Hause und motiviert die Partnerin, diesen Film kurze Zeit darauf noch einmal gemeinsam anzuschauen. Beim zweiten Kinobesuch desselben Films würde man dann jeden heiligen Eid schwören, daß diese eine hochinteressante Szene beim ersten Mal nicht im Film gewesen sein kann. Sie war es natürlich doch. Wie erklärt sich dieses Phänomen? Wie kam es zu dieser Amnesie? Es gibt verschiedene Möglichkeiten. Entweder ich war bei dieser Szene noch intensiv bei dem vorausgegangenen Geschehen, oder ich habe bereits, innerlich absorbiert, über die Bedeutung dieses Filmes für mein aktuelles Leben nachgedacht und festgestellt, daß es gut wäre, diesen Film noch einmal zusammen mit meiner Frau anzuschauen. Oder die nachfolgende Szene kam so überraschend oder hat mich so berührt, daß über den früher beschriebenen raschen Wechsel der Aufmerksamkeit eine Amnesie für das Vorausgegangene eingetreten ist.

Dieses Phänomen tritt auch in der Therapie auf, wie ich im folgenden kurz skizzieren möchte.

Till Eulenspiegel im Mittelgebirge

Ein Beispiel für spontane Amnesie und unterschwellige Verarbeitung in Therapie:

Stottern ist ein Symptom, das starken Schwankungen unterliegt. Es variiert zwar auch mit Faktoren wie Angst, Schuldgefühlen, kommunikativem Streß usw., auf die man gezielt therapeutisch einwirken kann. Es unterliegt jedoch auch sehr starken Schwankungen, die manchmal keine erkennbare Ursache haben. Tritt zu Beginn oder während einer Therapie im Rahmen dieser natürlichen Schwankung eine starke Verbesserung ein, so führen dies die Klienten oft auf die

Therapie zurück und hoffen, daß dies so weitergehe und sich rasch stabilisiere. Schlägt das Pendel dann in die andere Richtung aus, so ist die Entäuschung groß, und die Therapiemotivation kann darunter leiden.

Hier früh eine realistische langfristige Perspektive einzuführen, ist das Ziel einer Till Eulenspiegel Geschichte, die ich nicht nur stotternden Klienten erzähle:

Till Eulenspiegel wandert im Mittelgebirge. Es regnet und ist naßkalt. Der Weg geht bergauf, ist dornig, naß und glitschig. Kurz gesagt, es ist äußerst beschwerlich und unangenehm. Till Eulenspiegel lacht und pfeift. Denn er weiß, das ist Mittelgebirge, das hält so nicht an. Irgendwann ist er über den Berg, die Sonne wird scheinen, ein schöner, gut angelegter Weg wird sich vor ihm erstrecken. Und in der Tat: Kaum ist er über den Berg, da schaut die Sonne raus, es wird wärmer. Er zieht die Jacke aus, und da ist diese wunderbare Aussicht auf das Tal. Und Till Eulenspiegel weint und schluchzt und weint und schluchzt, weil er weiß, das ist Mittelgebirge, das hält so nicht an. Irgendwann wird es wieder regnen und naßkalt werden, und der Weg wird wieder sehr beschwerlich sein. Und in der Tat, kurze Zeit darauf ziehen schwere Wolken auf, und Till Eulenspiegel lacht und pfeift und lacht und pfeift. Es ist Mittelgebirge.

Während des Geschichtenerzählens modelliere ich mit Arm- und Handbewegungen das Auf und Ab des Mittelgebirges.

Nachdem ich einem stotternden Klienten diese Geschichte erzählt hatte, fragte ich zwei Therapiestunden später wie üblich zu Beginn der Sitzung nach dem Befinden und aktuellen Stand der Dinge. Der zuvor mit sich und seinem Stottern sehr ungeduldige Klient antwortete: Momentan habe ich in bezug auf das Sprechen eine sehr schlechte Phase, aber ich weiß, daß sich mein Sprechen laufend ändert. Er benutzte dabei meine Arm- und Handbewegungen, die ich beim Erzählen der Eulenspiegel-Geschichte verwendet hatte. Ich erntete Irritation, als ich meinerseits anmerkte: „Ah ja, wie Till Eulenspiegel.“ Der Klient hatte keinerlei Erinnerung an meine Erzählung von Till Eulenspiegel, und ich ging rasch zu einem anderen Thema über.

Hier ist die Amnesie spontan eingetreten, ohne daß ich dies intendiert hatte.

Macht es nun auch Sinn, diese Phänomene der unterschwelligen Wahrnehmung und Verarbeitung sowie der Amnesie gezielt therapeutisch einzusetzen? Das führt uns zum nächsten Abschnitt.

Restriktionen im bewußten Denken: Das Eiskonfektproblem in Programmkinos

Eine heftig diskutierte Frage ist, ob es so etwas wie subliminale Wahrnehmung und Verarbeitung von Botschaften gibt. Diese Frage wurde in vielfältigen Experimenten, z.B. auch von Werbefachleuten, untersucht. Meines Erachtens gibt es schlüssige Erkenntnisse, die belegen, daß es ein Wahrnehmungsfenster gibt, in dem man zwar nicht bewußt wahrnimmt, aber doch beeinflußt wird. Nicht umsonst ist Werbung verboten, bei der unterschwellig, über das bewußt allenfalls als Flackern wahrnehmbare Einblenden eines Bildes, für ein Produkt geworben wird. Interessant sind die von Feldmann zitierten Versuche, bei denen Hetero- und Homosexuellen einmal überschwellig und einmal unterschwellig Stimuli präsentiert wurden. Bei unterschwelliger Präsentation, bei der der Stimulus nicht bewußt wahrgenommen wurde, reagierten die Homosexuellen, aber nicht eine der heterosexuellen Gruppen. Bei überschwelliger Präsentation, bei der das Stimulusmaterial also so lange zu sehen war, daß man auch bewußt den Inhalt wahrnehmen konnte, reagierten weder Homo- noch Heterosexuelle. Feldmann schloß daraus, daß dies auch Ericksons Sicht von Restriktionen im bewußten Denken entspricht. Damit eine Suggestion oder therapeutische Idee akzeptiert und aufgegriffen wird, muß sie einerseits relevant sein (die Heterosexuellen haben beide Male wegen fehlender Relevanz der Inhalte nicht reagiert), und sie muß unter Umständen unterschwellig sein (denn die Homosexuellen haben nur bei unterschwelliger Präsentation reagiert) (Feldman 1988).

Diesen Mechanismus kann man auch im Alltag beobachten. Ich erinnere mich einen Kinobesuch. Es war Anfang/Mitte der 70er Jahre. In einem Programmkino wurde ein linker Szenefilm gezeigt. Das Kino saß voll von „68ern" mit dem richtigen politischen Bewußtsein. Dieser Tage waren auch Werbung und Manipulation, in der Folge von Vance Packards *Die geheimen Verführer*, aktuelle Themen. Unsereiner mit dem richtigen politischen Bewußtsein ließ sich jedenfalls nicht von Werbung manipulieren. Vor dem Hauptfilm kam ein Vorfilm und dann die Werbung für Langnese-Eiskonfekt. Anschließend ging das Licht an, und die Eiskonfektverkäuferin kam. Das ganze Kino saß wie hypnotisiert kataleptisch da. Viele hatten Lust auf Eiskonfekt, aber leider war gerade eben mit Werbung manipuliert worden. Nur zwei oder drei ganz Mutige haben trotz erfolgter Werbemanipulation Eiskonfekt gekauft.

Dies belegt beispielhaft Ericksons Konzept von Restriktionen im bewußten Denken. Diese Restriktionen können erziehungsbedingt sein oder aus einem dogmatischen Weltbild resultieren. Therapeutische Suggestionen, Ideen, Ratschläge, Deutungen, Hausaufgaben usw. rutschen in eine bestimmte Schublade und verpuffen im Widerstand. Die therapeutische Idee ist vielleicht zu anthroposophisch, zu esoterisch, zu katholisch, psychoanalytisch, zu feministisch, typisch Mann, zu trivial, dasselbe, was die letzte Therapeutin oder der Vater schon mal vorgeschlagen hatte, und schon saust der Rollladen nach unten. Eine Lösungsidee, die als solche vielleicht ganz plausibel ist, wird strikt verworfen.

Was Milton Erickson mit Restriktionen des bewußten Denkens meint, verdeutlicht auch folgende Geschichte.

Ich hatte eine Lösung, sie paßt nur leider nicht zum Problem

Mein Kollege aus den Heidelberger Tagen, Dieter Scheibler, erzählte mir von einer Klientin, die ihre Situation als völlig aussichtslos darstellte. Sie sah in einem Suizid den einzigen Ausweg. Ihre Weltsicht in diesem Punkt schien unantastbar, der Widerstand gegenüber gegenläufigen Argumenten war groß. Dieter Scheibler gab ihr schließlich in der Stunde folgende Aufgabe:

Das ist ein Quadrat, bei dem ein Viertel fehlt.

So ein Gebilde in drei gleiche Teile einzuteilen ist natürlich einfach. Aber dasselbe Gebilde in vier Teile einzuteilen ist natürlich schon etwas schwerer (Auflösung des Rätsels auf Seite 183).

Die Klientin versuchte in der Therapiestunde, die Aufgabe zu lösen. Ich muß zugeben, daß es mir auch nicht gelang, die Aufgabe zu lösen. Die meisten versuchen es wie ich mit Dreieckslösungen. Die einzigen, die es einmal relativ schnell geschafft haben, waren zwei Mathematiker. Wir waren zu dieser Zeit im französichen Ardèche-Tal zum Wildwasserfahren. Wie es sich für ordentliche Mathematiker gehört, hatten die beiden selbst im Ardèche-Tal Millimeterpapier dabei. Sie zeichneten das Ganze exakt auf und stellten ein paar logische Überlegungen an und hatten nach etwa 10 Minuten die Lösung.

Mein Kollege zeigte schließlich der Klientin die Lösung* und gab ihr als Hausaufgabe folgendes Rätsel mit auf den Weg:

Das ist diesmal das ganze Quadrat:

Dieses Gebilde in vier gleiche Teile einzuteilen ist wieder sehr einfach. Aber dasselbe Gebilde in fünf gleiche Teile einzuteilen ist schon etwas schwieriger.

Die beiden Mathematiker im Ardèche-Tal zeichneten auch diese Aufgabe auf und begannen zu rechnen. Es ging ihnen bald so wie einem meiner Klienten, der zuerst sagte: „Oh, das löse ich relativ schnell. Ich habe bei so was immer schnell die Lösung." Noch in der Sitzung meinte er plötzlich: „Oh, Schachbrett. 8 x 8 ist 64. 64 durch 5 das ist aber Sch… … Kann man auch fünftel Häuschen verwenden?" Und ich antwortete ihm, daß er alles machen könne, es muß

* Auflösung des Rätsels auf Seite 184

ten nur exakt fünf gleiche Teile sein. Wir anderen im Ardèche-Tal begannen zu kochen und das Abendessen zuzubereiten. Unsere beiden Mathematiker waren nicht in der Lage, uns bei der Zubereitung zu helfen. Sie arbeiteten wie besessen an der Lösung. Schließlich waren wir mit dem Kochen fertig, und die beiden Mathematiker waren nur mühsam in der Lage, sich zu lösen und mitzuessen. Irgendwann – mitten in der besten Essensstimmung – stieß der eine der beiden einen Schrei aus. Er begann sich lachend auf mich zu stürzen. Er drohte an, mir die Gurgel umzudrehen. Plötzlich hatte er nämlich die Lösung. Denn ein Quadrat in fünf gleiche Teile einzuteilen ist nicht besonders schwierig. Nur – wenn man die vorige Aufgabe mit dem unvollständigen Quadrat erfolgreich gelöst hat, sitzt man in der Falle. Man ist auf diese Lösungs- und Denkstrategien fixiert, und der Blick auf einfachste Lösungen scheint versperrt. Denn jeder Grundschüler kann ein Pizzablech gerecht in fünf Teile einteilen. Zwei studierte Vollmathematiker sind jedoch nach erfolgreicher Lösung der ersten Aufgabe plötzlich dazu nicht mehr in der Lage.

Einer meiner Klienten, der zwischen zwei Therapiestunden vergeblich nach einer Lösung gesucht hatte, akzeptierte im ersten Moment nicht einmal die offensichtliche Lösung: „Aber mathematisch exakt geht das nicht.“ Er war immer noch im quadratischen Denken gefangen. Schachbrett, 8 x 8 ist 64, und 64 geteilt durch 5 ist schwierig. Erst als ich ihm sagte, er solle eine Linie des Quadrats durch 5 teilen, z. B. 8 cm: 5 = 1,6 cm, löste sich mit einem Schmunzeln seine Denkblockade.

Die ganze Aufgabe ist ein schönes Beispiel dafür, was Erickson mit „Restriktionen des bewußten Denkens“ meint. In der Kindheit, in der Herkunftsfamilie haben wir uns unter Umständen hochintelligent und hochadaptiv auf diese individuelle Situation eingestellt. Leider funktionieren diese Lösungswege nun nicht mehr in der neuen Paarbeziehung oder am Arbeitsplatz. Der Blick auf offensichtliche Lösungen bleibt verstellt. Das ist der Kern eines lustigen Spruches, den ich vor einigen Jahren einmal als Graffiti gefunden habe: Ich hatte eine Lösung, sie paßte leider nicht zum Problem.

Der hypnotische Trancezustand bietet hier manchmal Möglichkeiten, sich von diesen rigiden kognitiven Strukturen abzukoppeln und außerhalb des gewohnten Denkrahmens Lösungen zu suchen und zu finden. Vielleicht ist das eine der Bedeutungen des biblischen Wortes „Werdet wie die Kinder“.

Abschließend möchte ich noch anfügen: Nachdem mein Kollege Dieter Scheibler seiner Klientin die Lösung der Aufgabe gezeigt hatte, war sie offener dafür, in Erwägung zu ziehen, daß es eventuell doch Lösungswege gibt, die außerhalb ihres Denkrahmens liegen könnten.

Im folgenden nun ein ausführlicheres Fallbeispiel zu diesem Themenbereich, „Restriktionen im bewußten Denken und unterschwellige Wahrnehmung und Verarbeitung".

Fallbeispiel: Unterschwellige Wirkung von Geschichten und Umgehen von Restriktionen im bewußten Denken

Ein junger Mann, 23 Jahre alt, kommt in Therapie. Er war bereits zweimal wegen depressiver Zustände mit Suizidgefahr in der Psychiatrie. Beide Male ging die Trennung von der Freundin voraus. Er schloß sich dann in sein Zimmer ein und grübelte sich so sehr in die Suizidalität, bis er in die Psychiatrie eingeliefert werden mußte. Jetzt hatte sich seine neue Freundin gerade von ihm getrennt, und er war wieder suizidgefährdet. Die Mutter kam mit zum Erstgespräch und konnte sich gut in den Sohn einfühlen, während beide der Meinung waren, daß der Vater nicht nachempfinden könne, wie es einem in so einer Situation gehe. Der Vater wurde eher als einfühlungslos beschrieben. Dies zeige sich daran, daß er gegen das abgeschlossene Zimmer trommle und rufe: „Mensch, komm raus. Geh Fußballspielen. Besuch Freunde. Geh in eine Kneipe. Schlag dir die Weiber aus dem Kopf." Der Vater könne eben nicht verstehen, wie es einem in so einer Situation gehe. Wenn der Klient das könne, was der Vater vorschlage, würde er jetzt nicht hier im Therapiezimmer sitzen.

Ich selbst fand die Intervention des Vaters gar nicht schlecht: Anstatt die Scheinwerfer der Aufmerksamkeit selbstzerfleischend und grüblerisch nach innen zu richten, um schließlich suizidal zu implodieren, eher die Sinne nach außen zu richten: Fußballspielen, Freunde besuchen, Aktivität entfalten usw. Wenn ich dies jedoch vorgeschlagen hätte, wäre ich in den Augen meines Klienten wohl der gleiche Rohling wie der Vater gewesen. Er hätte mir vielleicht gesagt: „Wenn ich das könnte, wäre ich nicht bei Ihnen in Therapie und wäre auch noch nicht in der Psychiatrie gewesen."

Ich suchte einen Weg, um ihm diese Idee noch einmal auf andere Art anzubieten, ohne auf die negativ besetzte Vaterübertragungsschiene zu kommen.

Im Rahmen des Selbsthypnosetrainings erzählte ich ihm wie üblich die Löwen-Geschichte. Als der Löwe sich über die Erinnerungen an die Schmetterlinge an seine Kindheit erinnerte, wurde er auf seinem Heimweg unglaublich neugierig.

Der Löwe hatte das Bedürfnis,

> *auf dem Heimweg die Augen offen zu halten, neugierig sein wie ein kleiner Löwe und jeden Grashalm anschauen, jeder Grashalm hat minimal eine andere Schattierung von grün, und die Kakteen und Wüstenpflanzen ... er sieht die Dinge und sieht die Dinge ... und zu Hause in seinem Wald ... so viele Dinge, die er jeden Tag sieht und nicht sieht ... ein Busch, riesengroß ... der ist so gewachsen, seit er ihn zum letzten Mal bewußt gesehen hat ... und an einem Baum ein Ast abgebrochen, er ist völlig fasziniert, was er alles wahrnimmt, was er eigentlich jeden Tag sieht, aber was er auch nicht sieht, und er hört den Wind und hört den Wind wie eine Musik ...*

Einige Wochen später: Dem Klienten geht es gut. Er hat eine neue Freundin, mit der er glücklich ist. Es sind Termine in vierteljährlichem Abstand zur Stabilisierung und Begleitung vereinbart. Als ich an einem Wochenende von einem Workshop nach Hause komme, ist mit schwacher Stimme ein Anruf auf dem Anrufbeantworter: „Ich bringe mich um, es hat alles keinen Wert mehr." Ich erkenne sofort die Stimme meines Klienten. Es ist der erste Anruf auf dem Anrufbeantworter, und damit ist der Anruf schon mehr als zwei Tage alt. Als ich meinen Klienten anrief, erfuhr ich, daß sich die Freundin wieder von ihm getrennt hatte. Man mußte schon sagen, daß er auch immer wieder Freundinnen fand, die ihm eine neue Chance gaben, an seinem Problem zu arbeiten. Mein Klient hatte am Telefon jedoch eine kräftige Stimme und sagte, daß er es diesmal selbst geschafft habe, aus der Krise zu kommen. Es wäre auch nicht nötig, früher zu kommen, und es bleibe bei dem vereinbarten Nachtermin in einigen Wochen. Als er kam, war ich doch neugierig, wie er seine Krise damals gemeistert hatte.

Er berichtete, daß anfangs alles wie sonst auch gewesen sei. Er habe sich ins Zimmer eingeschlossen und zu grübeln angefangen.

Plötzlich habe er jedoch einen Impuls verspürt, diesmal etwas anderes zu machen. Er habe sich in sein Auto gesetzt und sei in seinen Heimatort gefahren, in dem er aufgewachsen war. Dort habe er sein Auto am Ortsrand geparkt und sei zu Fuß hineingegangen, um zu sehen, was dort seit seiner Kindheit alles anders geworden sei.

Wie er es geschildert hat, gab es eine auffallende Parallele zu dem Verhalten des Löwen in seinem Wald, der überrascht wahrnimmt, was er zuvor noch nicht wahrgenommen hat.

Es war auf alle Fälle eine gute Idee des Klienten, „zu schauen, was seit der Kindheit anders geworden sei". Er hat sein neues Verhalten übrigens nicht mit der Therapie in Verbindung gebracht und war stolz darauf, es diesmal anders geschafft zu haben. Sein Stolz war berechtigt. Er hätte sich ja auch dafür entscheiden können, im Zimmer sitzen zu bleiben und sich wieder selbsthypnotisch in die Depression zu grübeln.

Er hat anscheinend die metaphorische Botschaft in der Geschichte aufgegriffen und eigenständig in Aktion umgesetzt. Im Grunde hat er das getan, was der Vater schon lange vorgeschlagen hatte. Wie er es getan hat, ließ Parallelen zur erzählten Geschichte erkennen.

Das ist eine typische Reaktion auf hypnotisch-metaphorische Kommunikation, wie sie oben beschrieben wurde. Es ist jedoch immer auch zu fragen: Hing das neue Verhalten wirklich nur mit der Geschichte zusammen? Spielten andere Faktoren mehr oder minder stark bei dieser neuen Verhaltensweise eine Rolle? Betrachtet und analysiert man rückblickend die Wirkung hypnotischer Kommunikation bei vielen Klienten, so gilt, daß die oben beschriebene Verhaltensweise eine typische Reaktion ist. In einem konkreten Einzelfall können wir da jedoch nie ganz sicher sein.

Ein Klient liest schließlich auch Bücher, geht ins Kino und läßt sich von Freunden beraten. Vielleicht hat der Vater unterdessen seine Idee einfühlsamer und akzeptabler präsentiert, oder es sind diesmal noch Faktoren im Spiel, von denen wir als Therapeuten gar nichts erfahren.

Die therapeutische Intervention und Kommunikation ist nicht immer das einzig relevante Geschehnis im Leben des Klienten. Das Leben geht weiter, und oft erfahren wir von wichtigen Geschehnissen im Leben der Klienten wenig. Darauf möchte ich im folgenden Abschnitt eingehen.

6. Das Leben außerhalb des Therapieraums: Zahlungskräftige Mütter und der Charme des Chefs

An anderer Stelle habe ich dargelegt, wie bei einer katamnestischen Nachuntersuchung von zwei Fällen von Stimmstörungen parallel zur Therapie andere Personen auf positive Weise ebenfalls mächtig interveniert haben (Trenkle 1987). In beiden Fällen hatte anscheinend eine einzige intensive Hypnosesitzung in einem speziellen Kontext eine dramatische Änderung bewirkt. Vor der Publikation dieser Fälle habe ich beide Klienten noch einmal einbestellt, um Genaueres zu erfahren. Was ich erfuhr, war dann doch sehr interessant.

In einem dieser Fälle hat die Mutter des Klienten, der an einer der logopädischen Behandlung hartnäckig widerstehenden psychogenen Dysphonie litt, finanziell eingegriffen und damit den drohenden monetären Kollaps ihres Sohnes abgewendet. Die Stützungsmaßnahme der Mutter fand genau in den zwei Wochen zwischen meiner Sitzung und der entscheidenden Verbesserung der Symptomatik statt. Diese „Intervention" schien mir im nachhinein „mindestens" genauso wichtig zu sein wie meine therapeutische Sitzung.

Im zweiten Fall war von medizinischer Seite eine irreversible Exkavation der Stimmbänder diagnostiziert worden. Die Patientin war verzweifelt, weil ihre Berufsausübung im Kundenbereich eines Dienstleistungsunternehmens mit dieser Diagnose beendet war. Mit dieser krächzend-heiseren Stimme war sie für die Firma trotz all ihres Könnens und ihrer Verdienste nicht tragbar. Sie drängte massiv auf ein Teflonimplantat in die Stimmbänder, was ihr jedoch wegen der zu hohen Risiken bezüglich Nebenwirkungen von den Ärzten verweigert wurde. Schließlich hörte sie von der Logopädin, daß ich mit Hypnose arbeite. Sie bat über die Logopädin inständig, doch einen Versuch mit Hypnose zu machen. Ich selbst sah dabei auf

Grund der klaren medizinischen Diagnose keine Chance, und der ärztliche Direktor der Abteilung hatte angeordnet, jegliche Behandlung einzustellen. Die Patientin ließ nicht locker, und schließlich fand in einer Mittagspause eine einzige Hypnosesitzung statt, auf die die Patientin große Hoffnung setzte.

In einem kurzem Vorgespräch erfuhr ich, daß die Patientin große Schwierigkeiten hatte, Ansprüche an andere zu stellen, und zudem darunter leide, Ansprüche und Ärger gegenüber Ehemann und Eltern runterzuschlucken, anstatt sich zu behaupten.

Ich nahm mir deswegen vor, die ohnehin vorhandene hohe Motivation und die gespannte fokussierte Aufmerksamkeit der Patientin mittels Hypnose noch zu verstärken, um dann zu versuchen, ihr Durchsetzungsvermögen und ihre emotionale Ausdrucksfähigkeit auszubauen.

In einer Altersregression erzählte sie, daß ihr Vater hohe Leistungsanforderungen gestellt habe, daß sie ständig auf ihrem Musikinstrument üben mußte und daß sie Schläge bekam, wenn etwas nicht klappte. Sie hätte es dem Vater nie recht machen können. In Trance nach einem positiven Erlebnis aus der Kindheit befragt, begann sie zu kichern und zu lachen und sagte schließlich, diesmal sei sie schneller als der Vater gewesen. Sie habe sich auf das Fahrrad geschwungen und sei ihm einfach davongefahren.

Über eine Vertiefung der Trance wurde die Patientin im Alter noch weiter zurückgeführt. Darauf begann ich über die Spontaneität und Unmittelbarkeit des Wahrnehmungs- und Ausdrucksverhaltens von kleinen Babies zu sprechen. In diese „Abhandlung“ streute ich Suggestionen mit dem Ziel ein, daß die Patientin besser und unmittelbarer ihre Bedürfnisse wahrnimmt sowie Ärger und Ansprüche stärker auszudrücken vermag.

Ich hatte in der Behandlung anderer Klienten mit psychogenen Stimmstörungen damit gute Erfahrungen gemacht. Diese Klienten waren meist sehr verantwortungsvolle Menschen, die dazu neigten, ihre Bedürfnisse zugunsten beruflicher oder familiärer Pflichterfüllung zurückzustellen (Krumbach 1987).

Die hypnotische Kommunikation in dieser Sitzung entsprach in etwa der nachfolgenden Passage:

… und die vielen Fähigkeiten, die kleine Kinder haben, ***Sie haben so viele ungeahnte Fähigkeiten,*** *die kleinen Ba-*

bies, welch harter Griff der Kinderhand, welch eine enorme Kraft, ***Sie haben soviel Kraft****, wenn kleine Kinder hungrig sind. Und je satter kleine Kinder* ***desto mehr können Sie entspannen, Sie können mehr und mehr entspannen,*** *und welch schöner Anblick, wenn Kinder* ***völlig entspannen*** *nach hinten sinken, der harte Griff sich lockert* ***mehr und mehr locker,*** *die Kinder* ***alles um sich herum vergessen*** *und so satt sein und* ***in sich versunken, in Sicherheit und Geborgenheit*** *und kleine Kinder* ***sie können entspannen, Sie können entspannen,*** *weil* ***Sie wissen, was Sie wollen,*** *kleine Kinder lassen sich nicht täuschen,* ***Sie kennen, Sie spüren Ihre Bedürfnisse*** *und wenn Kinder erwachen ,* ***Sie äußern Ihre Bedürfnisse*** *ganz unmittelbar, und ist es nicht schön,* ***einfach völlig entspannen*** *und* ***im richtigen Moment wissen*** *(kleine Pause)* ***Sie wissen, was sie wollen, und Sie äußern, was sie wollen, Sie nehmen wahr, was Sie wollen,*** *und wenn es sein muß,* ***Sie schreien heraus, was Sie wollen, schreien heraus, was ihnen nicht gefällt****, und Mütter* ***Sie wissen, wie durchsetzungskräftig Sie sind,*** *denn Kinder lassen sich nicht täuschen,* ***Sie spüren Ihre Bedürfnisse*** *… und Kinder, wenn Sie älter werden, müssen viel lernen, manchmal quälend viel, viel Rücksicht, Vorsicht, Umsicht, Nachsicht in bezug auf andere und doch sich an manches gerne zurückerinnern, erinnern an Lernen und lernen sich zu erinnern und* ***Sie können lernen*** *mehr und mehr kindliche Spontaneität, als Erwachsener* ***sich erinnern*** *an* ***Sie, wissen, was Sie wollen, Sie äußern was Sie wollen,*** *und wenn es sein muß,* ***Sie schreien es heraus*** *und so viele Fähigkeiten, die ein Erwachsener einem Kind und so viele Fähigkeiten, die ein Kind einem Erwachsenen beibringen kann …*

Die fettgedruckten Suggestionen werden dabei durch Sprechrichtung, Tonfall oder Lautstärke vom allgemeinen Thema abgehoben, so daß sie auf unbewußter Ebene wirksam werden. Die derart betonten Suggestionen werden in aller Regel nur unterschwellig wahrgenommen. Der Patient erkennt dabei auf einer bewußten Ebene nicht, was der Therapeut hier macht. Dies ist eine Vorgehensweise, die auf Milton Erickson zurückgeht. Im Rahmen der Analyse der Löwengeschichte habe ich auf diese Technik der eingestreuten Suggestion schon hingewiesen und die entsprechende Literatur zitiert.

Einige Monate später meldete sich die Patientin telefonisch mit absolut glasklarer Stimme: „Meine Stimme ist wieder in Ordnung. Ihr Chef hat eine Fehldiagnose gestellt. Ich möchte mich nochmals in der Klinik vorstellen." Das Erstaunen ist groß. Die Untersuchung ergibt das Verschwinden der Exkavation. Laut meinem Chef ein Sachverhalt, der vorher in der medizinischen Literatur bei so langer Chronifizierung noch nie beschrieben wurde. Ich war stolz auf diese „Wunderheilung" und begann, die Geschichte Monate später für einen Vortrag niederzuschreiben.

Um detailliertere Informationen und Fakten zu bekommen, bestellte ich die Patientin noch einmal ein und erfuhr interessante Details:

Nach der damaligen Nachuntersuchung und ihrer kurzen Schilderung der Genesungsgeschichte war ich der Meinung gewesen, die Frau habe die therapeutischen Suggestionen und Vorschläge in der Beziehung zu ihrem Mann umgesetzt, parallel dazu sei die Stimme besser geworden und der Glücksfall eines in der Firmenhierarchie sehr hohen Vorgesetzten, der ihr gegenüber plötzlich und unerwartet viel Gefühl und Anerkennung zeigte, habe dann den großen Durchbruch gebracht.

Im Nachgespräch berichtete die Patientin, daß sie wegen unveränderter Symptomatik einige Monate nach dem Hypnosetermin noch einmal versucht habe, sich ein Teflonimplantat einsetzen zu lassen, was jedoch wiederum abgelehnt wurde. Kurze Zeit darauf bestand ihr neuer Chef, zu dem sich eine Beziehung der wechselseitigen Sympathie entwickelt hatte, darauf, daß sie mit zu einer Fortbildung in Kundenbetreuung sollte. Sie sah wegen ihrer Stimme keinen Sinn darin. Der Vorgesetzte bestand jedoch darauf. Ihre Stimme sei in diesen Tagen schon etwas besser geworden. Im Auto des Chefs, der sie selbst zu dieser Fortbildung abholte, sei die Stimme deutlich besser gewesen. Im Verlaufe der Woche sei es dann gut geworden. Sie erzählte auch, wie ein höherer Vorgesetzter aus der Firmenzentrale für einen Tag zu Besuch gewesen sei und sie spontan in den Arm genommen habe. Dieser Mann habe dabei seine

Freude und Erleichterung zum Ausdruck gebracht, daß es ihr wieder besser gehe und sie in der Firma bleiben könne. Diesen Chef habe sie in den mehr als 20 Jahren ihrer Betriebszugehörigkeit eher als kalt und uninteressiert erlebt. Die Patientin erwähnte in ihrer Schilderung diesmal jedoch im Gegensatz zur ersten Schilderung bei ihrer Nachuntersuchung nicht, daß diese Umarmung der große Durchbruch für ihre Stimme gewesen sei. In dieser Zeit habe sie auch begonnen, sich sowohl ihrem Mann als auch ihren erwachsenen Kindern gegenüber stärker durchzusetzen. Ihrem Mann habe es früher wohl sehr gefallen, wie sie für alles sorgte und immer nur für ihn da gewesen sei. Er habe große Schwierigkeiten damit, wie sie sich verändert habe. Sie wolle eine Paartherapie machen und denke an Trennung, wenn er sich nicht ändere. Sie würde merken, daß sie sich bei zuviel Streß dauernd räuspern müsse und einen Kloß im Hals bekäme. Sie habe dann Angst, daß die Stimmprobleme wiederkommen könnten. Im Gegensatz zu früher lasse sie jedoch dann zu Hause alles liegen und stehen und entspanne sich erst einmal. Einmal habe sie noch einen totalen Stimmverlust gehabt, als sie familiär sehr belastet gewesen sei und sie dem Mann und den Kindern am liebsten alles hingeschmissen hätte. Früher habe sie das alles geschluckt, jetzt sage sie, was sie denke. Sie setze sich auch gegenüber ihrem kranken Vater durch. Weiterhin erfuhr ich, daß die Patientin etwa ein halbes Jahr vor der Hypnosesitzung eine psychoanalytisch orientierte Gruppentherapie abgebrochen hatte. Sie hatte daran etwa ein halbes Jahr teilgenommen und ihr fehlendes Durchsetzungsvermögen sei dabei Thema gewesen.

Welchen Stellenwert in diesem überraschenden – und medizinisch einmaligen – Genesungsprozeß hat nun diese Hypnosesitzung aus der Rückschau?

Mit einer gewissen Wahrscheinlichkeit handelte es sich um einen Summationseffekt mehrer Einflußfaktoren.

Bei dem zuvor beschriebenen Klienten und seinen Krisen nach erfolgten Trennungen von seiner jeweiligen Freundin mag es ähnlich sein. Sein Lösungsverhalten wies zwar auffallende Parallelen zu den suggerierten Strategien in der Löwengeschichte auf, aber ob das alleine maßgebend war oder noch andere Faktoren ergänzend hilfreich einwirkten, wissen wir nicht.

Unsere therapeutische Verantwortung ist es, unseren Beitrag so intensiv und wirksam wie möglich zu gestalten. Dazu bietet die spezielle Intensität direkter und metaphorischer hypnotischer Kommunikation besondere Möglichkeiten. Wenn das nicht ausreicht, sollten wir jedoch nicht die Hoffnung aufgeben. Vielleicht gibt es, wie in den obigen Fällen, finanzkräftige Verwandte oder wenigstens einen Chef, der mit seinem Charme die Behandlung unterstützt.

7. Die Langform oder Die Weisheit des Pferdeknechtes

Die Löwen-Geschichte in der oben wiedergegebenen Form ist die Langform für eine Ausbildungsgruppe. Einem Klienten erzähle ich die Geschichte selten in dieser Form. Es ist wie in jener Sufi-Geschichte, die ich in einem der vielen Bücher von Idries Shah gefunden habe:

> Ein berühmter Prediger ist angekündigt. Leider wurde der Zeitpunkt der Predigt falsch verkündet. So kam es, daß neben dem berühmten Prediger sich nur der Stallknecht vom Pferdestall in die Moschee verirrte. Der Prediger fragte den Stallknecht, ob er denn für ihn alleine jetzt die Predigt halten solle. Da sagt der Stallknecht: Großer Herr, ich verstehe ja von solchen Dingen nichts. Ich bin nur ein einfacher Stallknecht. Aber wenn ich in einen großen Pferdestall komme und es ist nur ein Pferd da, da wundert mich dies etwas. Aber ich gebe natürlich dem einen Pferd Futter. Das leuchtet dem Prediger ein, und er beginnt, für den Stallknecht seine Predigt zu halten. Und er predigt eine halbe Stunde, eine dreiviertel Stunde, eine ganze Stunde, ja beinahe eineinhalb Stunden. Der Stallknecht nickt gegen Ende mehrfach beinahe ein. Wie die beiden die Moschee verlassen, fragt der Prediger den Stallknecht, wie ihm die Predigt gefallen habe. Der Stallknecht antwortet: Großer Herr, ich bin ja nur ein einfacher Stallknecht und kenne mich mit solchen Sachen nicht aus. Ich denke mir nur, wenn ich irgendwo in einen Pferdestall komme und die Pferde füttern soll und da ist nur ein einziges Pferd, dann gebe ich dem Pferd natürlich Futter, aber ich gebe ihm doch nicht alles Futter.

In diesem Sinne ist die Löwengeschichte in der obigen Form eine Langform für Lehrzwecke. Zu Lehrzwecken präsentiere ich viele Themen, aber bei Patienten ist es meist nicht sinnvoll, alles so kompakt in eine Geschichte hineinzupacken.

Einfügen individueller Elemente oder: Das Pferd das hat vier Beiner

Individuelle therapeutische Ziele erfordern manchmal auch Elemente, die sonst in der Löwen-Geschichte nicht enthalten sind. Seminarteilnehmer fragen mich manchmal, wie es mir so schnell gelingt, neue Elemente in die Löwen-Geschichte einzufügen. Ich benutze dabei die Technik der Geschichte in der Geschichte. In Filmen wird diese Technik ebenso benutzt. Die Hauptstory eines Filmes ist z. B. eine Handlung im Drogenmilieu. Neben wilden Verfolgungsjagden und Schlägereien blendet der Film jedoch immer wieder auf eine Nebengeschichte, in der der Portier des Hotels eine Affäre mit einem Zimmermädchen hat. Der Wechsel von der Haupt- zur Nebengeschichte muß dabei nicht immer logisch erfolgen und kann manchmal sogar unerwartet an einer spannenden Stelle geschehen.

Mit meiner damals 14 Jahre alten Tochter Alexandra hatte ich einmal ein Streitgespräch. Ich begeisterte mich zu dieser Zeit für ein Nonsense-Gedicht:

Das Pferd das hat vier Beiner
an jedem Ecken einer
und hat er einmal keiner
umfallt.

Den Inhalt nebst fehlerhafter Grammatik fand ich umwerfend komisch. Jeder Gast, der unser Haus betrat, bekam dieses Gedicht zu hören. Für meine Familie war dies dann bald nicht mehr ganz so lustig. Meine Tochter meinte, ich solle den Unsinn doch endlich lassen. In diesem Gespräch behauptete ich schließlich, ich könne dieses Gedicht in jedem Schulaufsatz unterbringen, und zwar unabhängig von dem Thema des Aufsatzes. Meine Tochter hielt dies für Quatsch, und ich fühlte mich herausgefordert. Nehmen wir mal an, das Thema heißt „Unser Schulausflug". Der Bus hält an einer Raststätte, und ein Schüler betritt die Toilette, schließt die Tür und setzt sich hin. Er liest und studiert die vielen Zeichnungen und Aufschriften auf der Toilettentür und beginnt zu lachen, denn er liest: „Das Pferd, das hat vier Beiner, an jedem Ecken ...“. Oder rennt etwas verspätet in Richtung Bus. Alle warten auf ihn, und kurz vor dem Bus liegt ein gefaltetes Blatt Papier. Er stoppt, hebt es auf und nimmt es mit in den Bus. Auf dem Blatt steht: „Das Pferd das hat vier Beiner ...“. Oder: Kaum fährt der Bus, rufen die Jungs dem Busfahrer zu: „Können Sie mal schauen, ob die Europapokalspiele im Radio übertragen werden?“ Der Busfahrer sucht die Sender durch, muß sich jedoch für einen Moment auf den Verkehr konzentrieren, und dadurch hört der ganze Bus eine kurze Passage aus einer Sendung mit dem Titel: „400 Jahre literarischer Nonsense“, und alle lachen über das Gedicht „Das Pferd das hat vier Beiner ...“

Meine Tochter hat dann in den folgenden Wochen tatsächlich zwei Schulaufsätze geschrieben und in beiden das Gedicht mit dem Pferd verarbeitet.

Einige Wochen später tauchte dann, für mich unerwartet, das Pferd vor einer Retourkutsche wieder auf. Als ich mit meinen Seminarteilnehmern in die Kaffeepause ging, hing an der Eingangstür ein schönes selbstgemaltes Plakat meiner Tochter. Darauf das Pferd und klein das Gedicht vom Pferd. Ganz groß auf diesem Plakat prangte jedoch ein anderes Gedicht:

Der Bernhard hat viele Witze
und alle findet er Spitze
und hat er einmal nixe
Kopfweh.

Dies konnte man durchaus als kleine Anspielung auf meine Managerkrankheit verstehen, ausgerechnet zu Wochenend- und Urlaubsbeginn Kopfschmerzen zu haben.

Löwerman's Friend: Individuelle Einschübe in die Löwen-Geschichte

Die Löwen-Geschichte in der vorliegenden Form und wie sie in den vorausgehenden Kapiteln ausführlich analysiert wurde, enthält einige Einschübe und Formulierungen, die so üblicherweise nicht in der Geschichte enthalten sind. In fortgeschrittenen Hypnose-Ausbildungsgruppen lasse ich mir vor der abendlichen Gruppenhypnose mit Erzählen der Löwen-Geschichte von zwei bis vier Teilnehmern individuelle persönliche Probleme und Ziele nennen. Ich versuche dann nach kurzer Vorbereitung, die Löwen-Geschichte so zu modifizieren, daß diese Themen und Ziele angesprochen werden. Die Löwen-Geschichte als solche enthält ja ohnehin schon eine Vielzahl von Bedeutungsebenen, die sich für lösungsorientierte Suchprozesse eignen. Ich möchte auch an den Fall im Kapitel „Suchprozesse" erinnern, bei dem der kurze Satz „Ich bin der Letzte" eine entscheidende Rolle spielt. Vom späteren Feedback von Teilnehmern weiß ich, daß in einigen Fällen das kurze Ansprechen der Ziele in dieser „homöopathischen" Verdünnung schon große Wirkung entfaltet hat.

Um diese individuellen Ziele und Probleme im Kontext der Rahmengeschichte anzusprechen, benutze ich folgende Vorgehensweise:

Ich überlege mir, welche Suggestionen, welche Bilder, welche Ideen usw. bei der Lösung der Probleme und zum Erreichen der Ziele geeignet erscheinen. Dann versuche ich, diese speziellen Elemente an geeigneter Stelle einzufügen. Um die jeweils anzusprechende Person zu erreichen, benutze ich zwei Techniken:

a) typische Formulierungen: Die speziellen klientenspezifischen Therapieelemente verknüpfe ich mit Formulierungen, die der Kollege bei der Problemdefinition und Zielbeschreibung benutzt hat.

b) Sprechrichtungswechsel: Diese speziellen Teile werden zudem in Richtung des Kollegen gesprochen.

In der Regel bemerkt man bei genauem Beobachten dann auch zumindest kleine nonverbale Reaktionen bei dem jeweils angesprochenen Kollegen: Lächeln, minimale Atemveränderungen, veränderte Kopfhaltung usw.

Kollege 1

K1: Problem ist, wie ich aus dem Entspannungszustand meine Ruhe mitnehmen kann in die tägliche Aktivität.

BT: Also, du machst dann eine Entspannung, Selbsthypnose oder autogenes Training …

K1: Ja, Meditation … wie immer du das nennen willst. Also ich merke, jetzt bin ich ruhig, jetzt bin ich bei mir, jetzt kann ich mich wahrnehmen, wie ich bin, jetzt fühle ich mich o. k. Es darf Tag sein, alles darf sein, wie es ist. Und dann, es ist gerade so wie „Türe zu, Abschluß und jetzt geht's wieder los mit 180". Auch direkt körperlich dann spürbar, wie der Alltag wieder übernimmt.

BT: Was wäre das erste Zeichen, an dem du sehen würdest, jetzt ändert sich etwas. Woran würdest du das merken? Wenn sich etwas verändert hat?

K1: Das Schwitzen an meinen Füßen wäre nicht mehr so stark tagsüber.

BT: Wäre das das erste Zeichen, durch das du gleich danach dann registrierst, daß sich etwas geändert hätte?

K1: Das deutlichste, ja. Das erste? Weiß ich nicht.

BT: Was wäre das erste?

K1: Da müßte ich allgemein sagen, ein anderes Befinden. Ein bewußteres Empfinden, ich weiß nicht, wie ich es ausdrücken kann. Ich verliere mich dann in dem, was ich tue, aber es ist nicht wohltuend. Nicht aufgehen in der Arbeit, sondern es ist ein Reingelutschtwerden in die Arbeit.

BT: Und wie wäre der Übergang im Idealfall?

K1: Unbemerkt.

BT: Unbemerkt, aber mit diesem Entspannungszustand?

K1: Ja, zum Teil davon mitnehmen.

BT: O. K.

Bei diesem Kollegen ging ich davon aus, daß die Schlußpassage der Löwengeschichte mit der tiefen Ruhe auf dem eigenen Platz und das anschließende Transferieren dieser Ruhe in den Alltag eine gute Grundlage für das Ansprechen des Zieles ist. Um an dieser Stelle eine höhere Intensität und bessere Aufmerksamkeit zu erzielen, habe ich Formulierungen des Kollegen in die Geschichte eingewoben:

- Meditation … wie immer du das nennen willst
- und dann, es ist gerade so wie „Türe zu"
- Reingelutschtwerden in die Arbeit
- das Schwitzen an meinen Füßen

Die ersten beiden Formulierungen tauchen beinahe wörtlich auf. Das Schwitzen an den Füßen wurde über „Temperatur der Füße" als positive Formulierung aufgegriffen. „Reingelutschtwerden in die Arbeit" wurde etwas komplexer angesprochen. Der Kollege hatte unmittelbar vor Beginn der Tranceinduktion Fisherman's Friend verteilt, so daß ich „reingelutscht" in „reingleiten" transformierte und aus Fisherman's Friend wurde Löwerman's Friend.

Dies erinnert mich daran, daß auf einem der Internationalen Kongresse für Ericksonsche Hypnose und Psychotherapie eine Kollegin darlegte, daß für Ericksons Patienten die Kommunikation bei weitem nicht so indirekt war wie für den außenstehenden Zuhörer oder Leser eines Transkriptes. Da Erickson ein Meister darin war, die individuelle Sprache des Patienten zu sprechen, wußte der Patient im Gegensatz zu den Beobachtern oft sehr genau, wovon Erickson sprach. Das obige Beispiel mit Löwerman's Friend beleuchtet diesen Aspekt recht gut.

und irgendwann ... kommt er auf seinen Platz, an sein Wasserloch, in seinem Wald ... und er hört den Wind und dieses permanente Rauschen ... und er legt sich auf seinen Platz ... und er hat das Gefühl, daß es sehr viel interessante Dinge waren an diesem Tag ... und er hat das Gefühl, daß er es verdient hat, einfach nur da zu sein ... und er hört den Wind und das permanente Rauschen wie eine Musik ... und er hört die Vögel ganz anders ... er riecht den Wald ganz anders ... und er ist mehr und mehr einfach nur da ... er weiß nicht, ob er es Meditation nennen soll ... er ist einfach nur da ... vielleicht im Moment ohne Wünsche ... ohne Interessen und ohne Bedürfnisse ... und er hat sogar das Gefühl, seit er die Entscheidung getroffen hat ... um diese Kakteen einen weiten Bogen zu machen ... kann er mehr und mehr einfach nur da sein ... er hat die Kontrolle ... jederzeit ... er kann einfach nur da sein ... auf die eigene Art und Weise ... immer mehr in sich ruhen ... jeder Gedanke ist in Ordnung ... jede Bewegung ist in Ordnung ... kann einfach nur da sein ... und aus dieser Ruhe heraus stellt er sich vor, wie er geschmeidig wieder aktiv wird ... auf seine Art und

Weise … auf eine geschmeidige Art wieder aktiv werden … und er hat einen Traum … anfangs ist es, wie wenn die Türe zu ist … körperlich spürbar … und er spürt die Temperatur in seinen Füßen … wie ein bewußtes Empfinden … und doch das Gefühl, auf geschmeidige Art aktiv zu sein … und er hat diesen Traum, mit diesem Wort … und er kann sich das nicht erklären, ob das aus der Welt der Menschen kommt … oder aus der Welt der Tiere … er gleitet förmlich in diesen Traum … so wie er das Gefühl hat, er kann mehr und mehr in die Aktivität hineingleiten … und er hat dieses eine Wort … und dieses Wort heißt ‚Löwerman's friend' … und er kann sich das nicht erklären … das ist, wie wenn er reingleitet in dieses Wort … und er genießt dieses sanfte Gefühl … und gleichzeitig ist der Kopf frisch und wach und der Körper bleibt ganz entspannt ruhig …

Kollege 2

K2: Also, mir passiert es manchmal in Therapien, das hängt dann so ein bißchen vom Überweisungskontext ab, daß ich manchmal denke, ich müßte ganz besonders gut sein oder ganz besonders effektiv sein oder mir müßten ganz besonders viele Sachen einfallen. Was dann dazu führt, daß mir besonders wenig einfällt oder daß ich mich eher inkompetent oder unter Druck fühle oder so was in der Richtung. Ja.

BT: Wenn du es positiv in Zielen formulierst, was wäre für dich danach anders?

K2: Was wäre anders? Gute Frage. Also ich glaube, ich wäre ruhiger und wäre irgendwie weiter, von meiner Wahrnehmung her. Ich wäre offener, ich wäre nicht so auf einen Punkt fokussiert, sondern ich wäre von meiner Wahrnehmung her oder von dem, wie ich die Situation oder den Kontakt erlebe mit den Klienten, breiter, weiter. Das fällt mir dazu ein. Offener, also vom Blickfeld her. Ja.

BT: Geht es dir eher darum, daß das Problem mit dem Druck gar nicht mehr auftaucht oder daß das einfach so unmerklich verschwindet oder eher darum, daß, wenn es auftaucht, daß du dann anders damit umgehen kannst?

K2: Also, es dürfte ruhig verschwinden. Es dürfte ruhig einfach weg sein ....

BT: O. K, in Ordnung.

Hier bin ich davon ausgegangen, daß die vom Kollegen definierten Ziele ohnehin in der Standardversion der Löwengeschichte angesprochen werden. Das Loslassen und sich einlassen, neugierig experimentieren, anstatt Fehler zu vermeiden usw. werden teils mehrfach an verschiedenen Stellen der Geschichte thematisiert. Besonders geeignet schien mir die Stelle mit den Schmetterlingen zu sein. Die Schmetterlinge symbolisieren die Ressource kindlicher Unbefangenheit, mit der man lernt und experimentiert, ohne zu wissen, daß man lernt und experimentiert. Die nachfolgende Passage mit dem Stein eignet sich zudem eventuell, alte Traumatisierungen in bezug auf Leistung und Fehler zu reflektieren und zu korrigieren.

Während dieser Passage habe ich verstärkt in Richtung dieses Kollegen gesprochen und an einer Stelle seine Formulierungen „unter Druck fühle" sowie „und wäre irgendwie weiter, von meiner Wahrnehmung her. Ich wäre offener, ich wäre nicht so auf einen Punkt fokussiert, sondern ich wäre von meiner Wahrnehmung her oder von dem, wie ich die Situation oder den Kontakt erlebe mit den Klienten, breiter, weiter. Das fällt mir dazu ein. Offener, also vom Blickfeld her" entsprechend verwendet.

und er sieht wieder diese bunten Schmetterlinge ... und er jagt diese Schmetterlinge, und es wird ihm mehr und mehr klar ... was er lernen kann aus dieser Zeit ... er kann lernen, auf perfekte Art Fehler zu machen ... und es wird ihm mehr und mehr klar, was es heißt, auf perfekte Art Fehler zu machen ... auf perfekte Art Fehler zu machen heißt für ihn, Fehler spielen überhaupt keine Rolle ... er lernt, sie zu vermeiden ... er ist neugierig, er kann warten ... er läßt sich einfach Zeit, er hat Geduld, wie damals als kleiner Löwe ... spielt überhaupt keine Rolle, daß er nichts fängt ... es war ihm damals überhaupt nicht wichtig, daß er seine Augen trainiert ... daß er seine Sprungkraft trainiert ... daß er das Anschleichen trainiert ... das kam alles beiläufig, wie von alleine ... von Woche zu Woche ... konnte er besser schlei-

chen ... und es wurde ihm klar, daß er das lernen kann ... aus der damaligen Zeit ... auf perfekte Art zu lernen und auf perfekte Art Fehler zu machen ... einfach nur tun ... ***ohne Druck ... weit und offen in der Wahrnehmung ... sein ganzes*** *Blickfeld vor ihm ... auf perfekte Art Fehler machen ... und dann erinnert er sich an eine zweite Sache von damals ... das ist im nachhinein eine banale Erinnerung ... im nachhinein ... da gab es damals diesen einen Stein, den großen Stein ...*

Kollegin 3

K3: Also jetzt kommt ein Thema auf mich zu, wo ich keine Erfahrung habe, mit dem ich automatisch konfrontiert werde, denn ich gehe endgültig nach Mexiko, und ich muß Abschied nehmen bzw. die Patienten von mir. Und manche bringen so Sachen wie, ja wie schrecklich usw. wie geht es dann weiter und so daß ich irgend etwas Besonderes machen muß, aber ich habe keine Ahnung was ... Das Thema ist Abschied.

BT: Wenn du optimalen Nutzen aus dieser Geschichte ziehen könntest, was wäre dann anders?

K3: Ich verstehe nicht, in welchem Zusammenhang? Optimalen Nutzen??

BT: In bezug auf deinen Wunsch. Wann würdest du sagen, wenn du dann in Mexiko bist, das war wirklich toll? Das lief gut mit meinem Abschied.

K3: Das ist ein bißchen schwer, weil ich keine Ahnung haben werde, wie es den Patienten geht.

BT: Was wäre – angenommen zwei Patienten schreiben dir eine Karte. Und die eine Karte wäre die tollste Karte, die du dir vorstellen kannst, und die andere Karte wäre der GAU, der größte anzunehmende Unfall. Was würde auf den beiden Karten stehen? Gibt es da spontane Einfälle?

K3: Ja, also die tollste Karte könnte sagen: Ich habe es ganz wunderbar geschafft ohne Sie, und ich fühle mich unabhängig und selbständig und mir geht es gut. Die Therapie haben wir rechtzeitig beendet.

Und auf der anderen Karte würde so etwas stehen wie: Also das, was sie mir gesagt haben, daß ich eventuell zu Ihrem Kollegen gehen könnte, das hat überhaupt nicht geklappt. Ich finde Ihren Kollegen blöd, und mir geht es schlecht und ich habe das Gefühl, die Therapie war zu früh abgebrochen oder ich war noch nicht so weit. Sie haben mir gesagt, das schaffen wir, bis Sie gehen, gell, und das hat nicht gestimmt, Sie haben gelogen.

BT: O. K, gut.

Die Kollegin stand vor dem großen Schritt, in ihre alte Heimat zurück nach Südamerika zu übersiedeln. Ihre Formulierung „das hat nicht gestimmt, Sie haben gelogen" erschien mir als auffallendste Formulierung. Mir schien es im Sinne von Wygotski – „Die Struktur der äußeren Interaktion wird zur Struktur des inneren Dialogs" – eine Formulierung, die sowohl auf typische innere Dialoge als auch auf frühere oder immer noch in der Familie bestehende Interaktionsmuster hinwies. Andererseits gab es das Stichwort „Abschied". Meine Idee war, die Technik der Zeitprogression anzudeuten, d. h. die Kollegin in die Zukunft blicken zu lassen, in der diese Probleme längst gelöst sind und hinter ihr liegen. Sie kann so eventuell aus der Rückschau Ideen entwickeln, um die vor ihr liegenden Probleme und Aufgaben besser zu bewältigen. Die positive und die GAU-Karte tauchten im nachfolgenden Teiltranskript in Form der beiden Stimmen auf. Die eine Stimme, die sanft anerkennt, und die andere Stimme, die kritisch und vorwurfsvoll ist und von Lüge spricht.

er hat diesen Traum … er kann weit vorausschauen … weit voraus auf die Zeit, von der aus er zurückschaut … das ist ein ganz merkwürdiges Gefühl … weit vorauszuschauen auf den Punkt, von dem aus man zurückschaut … und er ist so ruhig und so zufrieden an diesem Punkt … er ist am Ziel … und was ihn überrascht und was ihn verwundert … er weiß nichts mehr von diesem Inhalt von diesem Traum … er weiß noch, daß er ganz detailliert geträumt hat von diesem Punkt weit voraus, von dem aus er zurückschaut … er erinnert sich dann auch, daß er kurz vor diesem Traum … wie zwei Stimmen gehört hat … er wußte nicht, ob die Stimmen von draußen kommen oder ob die Stimmen von drin kommen … und die eine Stimme war immer so kritisch … und hat ihn beschuldigt … und er lügt … und die andere Stimme war eine wunderbar sanfte anerkennende Stimme ... und die eine Stimme war immer so vorwurfsvoll ... und diese Stimmen wechselten sich immer ab ... und plötzlich konnte er weit vorausschauen auf den Punkt, von dem aus er zurückschaut ... angenehm ... er sieht sich an dem Punkt, an den er wirklich hinwill ... und er ist überrascht nach dem Aufwachen ... daß ihm viel viel wichtiger ist tief drin ... daß er genau weiß, daß er tief drin diesen Traum hat ... es ist ihm viel wichtiger, daß er weiß, daß er es weiß ... tief drin ... als daß er inhaltlich weiß, daß er weiß, was er weiß ... und das ist überraschend für ihn, normalerweise möchte er immer genau wissen, was er weiß ... und jetzt ist es ihm plötzlich viel viel wichtiger, daß er es weiß ... und er ist sich sicher, er wird sich erinnern ... im richtigen Moment ... wie von alleine ... so wie er so oft irgendwo auf der Jagd war ... zurück in ein Gebiet ging, in dem er gelebt hat, bevor er in den Wald ging ... und er war Jahre nicht dort ... und er könnte niemand mehr beschreiben, wie es dort aussieht ... und doch weiß er ganz genau, wenn er dort ist, wird er sich erinnern ... er wird wissen, wo er abzubiegen hat ... er wird wissen, wie er sich zu entscheiden hat ... er wird sich erinnern, obwohl er es im Moment niemand beschreiben kann ... und es gibt ihm diese Sicherheit ... diese Lockerheit ... er weiß tief drin, daß er es weiß ... und so kann er einfach, wie er morgens aufwacht ... einfach das erste tun, was zu tun ist ... ganz gelassen ... er ist ganz überrascht über sich ... er tut einfach das erste, was zu tun ist ... es darf alles so sein, wie es ist ... und es ist eine Überraschung für ihn ... eine große Überraschung ...

Einleitung zu speziellen Varianten: Klar statt präzise

In der Einleitung zu seinem Buch *Meine Stimme begleitet sie überallhin* zitiert Jeffrey Zeig den Physiker Niels Bohr. Dieser wurde im Anschluß an eine Vorlesung zu Heisenbergs Unschärferelation von einem Studenten gefragt: „Was ist komplementär zur Klarheit?“. Niels Bohr habe nach kurzem Überlegen gesagt: Präzision. Bohr reflektierte damit einen interessanten Gegensatz. Dieser Gegensatz ist manchmal ein Dilemma.

Im abschließenden Kapitel skizziere ich Möglichkeiten, die Löwengeschichte im Rahmen von Selbsthypnosetraining auf individuelle Ziele von Klienten oder für spezielle Symptome maßzuschneidern. Dabei habe ich mich eher für eine klare Darstellung als für eine präzise Darstellung entschieden. Das heißt, ich gehe meist nicht von konkreten, wirklichen Klienten aus, sondern wähle nur einen oder wenige Aspekte von konkreten Klienten aus und lasse andere Aspekte weg. Wenn ich konkrete Klienten genommen hätte, dann hätte ich präzise und umfangreich viele Aspekte darstellen müssen, um schließlich diese vielen Aspekte im Selbsthypnosetraining anklingen zu lassen. Das wäre dann bezüglich dieses konkreten Klienten eine präzise Darstellung. Dies ginge jedoch auf Kosten der Klarheit und Lesbarkeit.

Die folgenden Beispiele beziehen sich zwar meist auf konkrete Klienten, ich habe jedoch nur einzelne Aspekte herausgegriffen, um dann diese klar darstellen zu können. Es sind also keine vollständigen Falldarstellungen im üblichen Sinne.

Selbsthypnosetraining in der Paartherapie oder: Hinter meinem Horizont, da geht es weiter

Wenn der Heidelberger Arzt und Familientherapeut Gunther Schmidt oder ich Seminare zum Thema „Hypnose und Familientherapie" anbieten, so hören wir im Vorfeld oft die verwunderte Frage, ob wir wirklich die ganze Familie hypnotisieren. Das tun wir im Gegensatz zum italienischen Psychiater Camillo Loriedo recht selten (Loriedo 1989, 1995), da wir hypnotische und suggestive Techniken eher indirekt benutzen. Wenn Eltern ihren Sohn als kleinen Teufel beschreiben, mit dem sie nicht mehr fertig werden, so kann der Therapeut zum Beispiel die Frage stellen: „Von wem hat das Kind denn diesen starken Willen geerbt?" Mit Schmunzeln bestätigen die Eltern meist, daß der starke Willen von beiden Seiten kommen könnte. Wobei sie oft nicht bewußt erkennen können, daß der Therapeut das Problem umdefiniert und implizit suggerierte, daß das Kind einen starken Willen besitzt. Ein starker Wille ist etwas anderes als ein „teuflischer" Charakterzug. In der Regel werden Techniken aus dem hypnotherapeutischen Bereich in der Familientherapie also eher indirekt eingesetzt.

Es kommt jedoch durchaus vor, daß ich einem Paar gemeinsam Selbsthypnosetechniken vermittle. Manchmal gibt es individuelle Ziele. Der Mann kommt wegen Tinnitus, und die Frau nimmt am Selbsthypnosetraining teil, weil sie eine ausgeprägte Flugangst hat.

Für dieses Kapitel nehme ich folgende Ausgangssituation an: Ein junges Paar kommt zur Therapie. Sie ist bei den Grünen politisch aktiv. Er findet ihr politisches Engagement gut, ist im Gegensatz zu ihr jedoch recht technikbegeistert. Sie sieht in der Computerindustrie die Umweltprobleme bei der Produktion und in der Entsorgung des Elektronikmülls und er die Möglichkeiten der Qualitäts- und Produktivitätssteigerung in vielen Bereichen. Nach Ende des Studiums fanden beide eine Stelle, und die finanziellen Möglichkeiten führten schnell zu Konflikten. Er wollte sich ein Auto kaufen, und sie glaubte, sie seien sich absolut einig gewesen, daß ein Auto grundsätzlich verdammenswert sei. Der Streit eskalierte schließlich bis zur Trennungsdrohung von ihrer Seite. Er fühlt sich in seiner Unabhängigkeit bedroht und wirft ihr Werteimperialismus vor. Er akzeptiere ihre Haltung, und sie brauche auch nicht mit dem Auto zu fahren, aber er erwarte, daß sie seine eigenständige Meinung und

Haltung zu ökologischen Fragen respektiere. Die Situation scheint eskaliert und unlösbar.

Das Paar erwartet vom Therapeuten, es vielleicht zu ermöglichen, den Konflikt ohne Gesichtsverlust und ohne Trennung beilegen zu können.

Der Paartherapeut könnte den Standpunkt vertreten, daß es auf der bewußten oder intellektuellen Ebene auf den ersten Blick keine Lösung gibt. Beide Standpunkte sind vom jeweiligen Blickwinkel her gesehen plausibel, jedoch unvereinbar. Da die Partner sich ansonsten sehr schätzen und viele Gemeinsamkeiten haben, wird das Ziel dahingehend definiert, neue Lösungen zu suchen, die bisher übersehen wurden. Die hypnotische Trance könnte dabei hilfreich sein, aus den festgefahrenen Denkmustern herauszutreten und einen noch nicht sichtbaren neuen Weg zu begehen. Über Selbsthypnosetraining ließe sich dazu auch ein Entspannungseffekt erreichen, der sich abzeichnenden psychosomatischen Reaktionen gegensteuern könnte.

Ziel

Der Therapeut setzt sich das Ziel, weit weg von den diskutierten Streitinhalten eine größere Toleranz und Flexibilität im Denken zu fördern. Hierzu wählt er Geschichten aus, die erfahrungsgemäß weg von der zweiwertigen Logik des 1-oder-0-Denkens hin zu einer mehrwertigen Logik führen. Anders ausgedrückt wird ein Sowohl-als-Auch anstatt eines Entweder-Oder vorgeschlagen. Hierzu eignet sich unter anderem die Geschichte vom chinesischen Dorf, in dem nur ein einziger Bauer ein Pferd hat. Mit der im Abschnitt „Einfügen individueller Elemente in eine Geschichte" dargelegten Technik werde ich versuchen, noch zwei weitere Geschichten mit dieser Geschichte zu verweben. Auch diese Geschichten haben zum Ziel, von einem fundamentalistischen Entweder-Oder wegzukommen und den Blick über den eigenen Horizont hinaus zu wagen.

Diese speziellen Inhalte werden gegen Ende des Selbsthypnosetrainings eingebaut. Das Paar soll anfangs einerseits ohne allzu viele konkrete therapeutische Inhalte eine tiefe regenerative Entspannung und tiefe erste Tranceerfahrung erleben, die beide dann als Grundlage zum Weiterüben nehmen können.

und er weiß nicht, wie lange er so da liegt … ohne Wünsche, ohne Interessen und ohne Bedürfnisse … er ist einfach nur da … er weiß nur noch, morgens ist es eine ganze Zeit … ohne Wünsche, ohne Interessen und ohne Bedürfnisse … er war wach und hat doch irgendwie geschlafen … er muß irgendwann eingeschlafen sein … irgendwann später … Zeit spielt keine Rolle … und gegen Morgen hat er diesen Traum … oder besser gesagt einige Träume … Träume, die zusammenhängen und doch wieder nicht … Träume, die für einen männlichen Löwen bestimmt sein könnten oder für eine Löwin oder gar für Menschen … dieser Traum … da ist dieser Mann, er ist wie auf der Jagd … in einem fremden Land … alle hatten ihn gewarnt … gefährliche Gegend … rivalisierende Banden … er aber hatte seine Überzeugung, seinen Traum, er mußte in dieses Land … nach Libanon … obwohl man ihn warnte … das muß doch wirklich nicht sein … die Warnung: immer wieder vermummte Banden … und die Frage: bist du Christ oder Moslem? … die Leute vermummt … man weiß nicht, welche Antwort man geben soll … und es kommt, wie es kommen muß … plötzlich vermummte Gestalten und die berüchtigte Frage: Bist Du Christ oder Moslem?

Der Mann steht starr und wie in Bruchteilen von Sekunden erinnert er eine Geschichte … eine Geschichte vor langer Zeit gehört … die Geschichte vom Pferd … es ist das einzige Pferd in diesem Ort … das Pferd gehört einem Bauern … und alle sagen immer zu diesem Bauern … So ein Glück aber auch … So ein Glück aber auch … du kannst reiten … du kannst die Kinder reiten lassen … auf dem Feld arbeiten … Lasten transportieren … So ein Glück aber auch … Und wann immer einer sagt: So ein Glück aber auch, sagt der Bauer: Mag sein … eines morgens … der Jammer ist groß … das Pferd ist weg … man weiß nicht … hat es sich losgerissen … hat es sich losgebissen … hat es der Bauer nicht fest genug angebunden … wurde es gestohlen … hat es ein Neider losgebunden … jedenfalls das Pferd ist weg

... alle jammern ... So ein Pech aber auch ... jetzt haben wir kein Pferd mehr im Dorf ... und wann immer einer zum Bauern sagt: So ein Pech aber auch ... sagt der Bauer: Mag sein ... Drei Tage später, nur drei Tage später ... die Überraschung im Dorf ... früh am morgen ... das Pferd ist wieder da ... und nicht nur das ... es hat eine zweites wildes Pferd mitgebracht ... alle sagen: So ein Glück aber auch ... Niemand hat ein Pferd.. und dieser Bauer hat zwei ... unglaublich ... und wann immer einer sagt: So ein Glück aber auch ... sagt der Bauer: Mag sein ... Der Bauer hat einen Sohn ... der Sohn ist 17 ... der Bauer kennt seinen Sohn ... er verbietet seinem Sohn, sich dem wilden Pferd zu nähern ... doch kaum ist der Vater auf dem Feld ... der Sohn versucht, das Pferd zuzureiten ... es gelingt ihm auch kurz, das Pferd zu zügeln ... aber dann wirft ihn das Pferd ab und zertrümmert ihm die Knochen ... das ganze Dorf ist entsetzt: „Dein einziger Sohn ... ob der je wieder gesund wird ... ob der je den Hof übernehmen kann? ... So ein Pech aber auch ... und wann immer einer zum Bauern sagt: So ein Pech aber auch ... sagt der Bauer: Mag sein ... es vergehen Wochen, es vergehen Monate ... ein Krieg bricht aus ... die Soldaten kommen ins Dorf und machen Zwangsrekrutierungen ... alle jungen Männer zwischen 16 und 25 müssen in den Krieg ... nur den Sohn vom Bauern lassen sie zurück ... er ist noch nicht völlig gesund ... und alle sagen: So ein Glück aber auch ... du darfst deinen Sohn behalten ... wer weiß, ob unsere Kinder wieder zurückkommen und wie sie je zurückkommen ... du darfst deinen Sohn behalten: So ein Glück aber auch ... und wann immer einer sagt: So ein Glück aber auch ... sagt der Bauer: Mag sein ... in Bruchteilen von Sekunden ... Christ oder Moslem? ... eine schwierige Frage ... und der Mann antwortet: Ich bin Tourist ... die Vermummten erstarren ... der Anführer beginnt zu lachen und spricht: „Mullah Nasrudin wurde Vater. Auf der Straße spricht ihn jemand an und fragt: Na, ist es ein Junge oder ein Mädchen und Mullah Nasrudin antwortet: „Ja" und jedesmal, wenn

einer diese Frage stellt: Ist es ein Junge oder ein Mädchen? antwortet Mullah Nasrudin mit „Ja." … ein Traum oder besser gesagt einige Träume … Träume, die zusammenhängen und doch wieder nicht … Träume, die für einen männlichen Löwen bestimmt sein könnten oder für eine Löwin oder gar für Menschen … und allmählich wieder hierher zurück in diesen Raum …

Selbsthypnosetraining in der Zahnarztpraxis

Zahnärztliche Hypnose ist verständlicherweise nicht mein tägliches Arbeitsgebiet. Ich habe jedoch in Hypnose und ohne Spritze viele Stunden auf dem Zahnarztstuhl verbracht, um Wurzelbehandlungen, Paradontosebehandlung, Umstellung von Amalgam auf Gold mit Präparation des ganzen Mundbereiches und schließlich auch das Ziehen von drei Weisheitszähnen, von denen einer recht marode war, durchführen zu lassen. Von daher habe ich einigen Einblick, welche hypnotische Kommunikation in derartigen Situationen hilfreich ist, und ich habe auch schon einige Patienten auf Zahnbehandlungen vorbereitet.

Als zu einem späteren Zeitpunkt die Operation von einem halben Dutzend Grützbeuteln an meinem Kopf anstand, wollte ich dies mit Hilfe von Selbsthypnose versuchen. Es war schwierig, einen Chirurgen zu finden und ihn zu überzeugen, das dies möglich ist. Ich hörte dazu die Hypnose-Kassette, die ich teilweise auch bei den Zahnbehandlungen gehört hatte (Schmierer 1995). Neben vielen Suggestionen und Bildern enthält diese Kassette auch eine Passage zur Blutungskontrolle: „... an Ihren blutzuführenden Gefäßen ist ein großes Rad. Sie nehmen dieses Rad in beide Hände und drehen langsam nach rechts zu und es hört auf zu bluten." Unmittelbar darauf muß es wohl an allen fünf Wunden gleichzeitig aufgehört haben zu bluten. Das hat dann meinen Chirurgen mehr beeindruckt als mein entspanntes Verhalten während der Operation. Er ließ das ganze Wartezimmer sitzen und interviewte mich längere Zeit, wie so etwas möglich sei. Ich antwortete in etwa: „Natürlich weiß ich so gut wie Sie, daß weder an meinen blutzuführenden Gefäßen ein großes Rad ist noch daß ich es in beide Hände nehmen kann und auch nicht zudrehen kann. Das einzige, was wir wissen, ist, daß der Körper auf solche Bilder reagiert. Wie das aber genau physiologisch passiert, wissen wir auch nicht."

In folgender Variante der Löwen-Geschichte für den zahnärztlichen Bereich finden bildhafte Formulierungen Verwendung, die sich beim Ausblenden bzw. Reduzieren von Schmerzen bewährt haben.

Zieldefinition

Wie jedesmal ist vorab zu fragen, welcher Art die definierten Ziele sind. Es ist ein Unterschied, ob der Patient generell eine extreme Zahnarztangst hat und deswegen seit 15 Jahren keinen Zahnarzt mehr gesehen oder ob er eine Medikamentenallergie hat. Es ist ebenso ein Unterschied, ob der Patient unter einer Spritzenphobie leidet oder ob er einmal aus purer Neugier eine Zahnbehandlung unter Hypnose ausprobieren möchte. Bei einem kieferchirurgischen Eingriff könnte neben Schmerzkontrolle auch die Blutungskontrolle ein Ziel sein, weil der Chirurg aufgrund hypnotischen Stoppens der Blutung eine viel bessere Sicht auf das Operationsfeld hat und dadurch feiner arbeiten kann.

Angenommen wir haben einen Patienten, für den die nachfolgenden Ziele gelten:

- Der Patient hat das Ziel, die Zähne endlich behandeln zu lassen, was er seit Jahren hinausgezögert hat.
- Er hat das Ziel, seine große Angst zu überwinden, sich in die Hände von jemand anders zu begeben.
- Er möchte wegen einer Spritzenallergie die Behandlung unter hypnotischer Schmerzkontrolle durchführen lassen.

In einem solchen Fall eignet sich ein Selbsthypnosetraining schon von vornherein ausgezeichnet. Der Patient hat Probleme mit dem Abgeben von Kontrolle und damit, sich in die behandelnden Hände eines anderen zu begeben. Wie bereits beschrieben, wird Selbsthypnosetraining in diesen Fällen als viel angenehmer empfunden als das „Hypnotisiert-Werden".

Zum Ziel „hypnotische Schmerzkontrolle"

Für hypnotische Schmerzkontrolle gibt es eine Reihe bewährter Verfahren und Bilder. Zuerst gilt es festzulegen, welche dieser Bilder und welches Verfahren für den Patienten als sinnvoll erachtet werden. Falls sich nicht schon aus dem Gespräch mit dem Patienten die eine oder andere Vorgehensweise herauskristallisiert, können anfangs wie bei einem Breitbandmedikament auch verschiedene Möglichkeiten angetippt werden. Man kann also in der ersten Sitzung kann eine Reihe von Techniken und Verfahren anklingen lassen, um am nonverbalen Verhalten zu beobachten oder hernach vom Patienten zu hören, was ihn besonders anspricht und angesprochen hat, wobei er eine Reaktion verspürt hat und mit welcher Möglichkeit er wenig anfangen konnte.

Solche Möglichkeiten wären zum Beispiel:

a) Der Patient geht im Geiste an seinen Lieblingsurlaubsort. Er verläßt seinen Körper und gibt ihn zur Reparatur ab.
b) Der Patient visualisiert seine Nervenbahnen, die die Schmerzinformationen weiterleiten. Irgendwo gibt es einen Schalter, und er findet den Schalter und schaltet ab.
c) Mit jedem Ausatmen fließt aller unnötige Schmerz und alle unnötige Anspannung durch seinen rechten Arm ab. Gleichzeitig gibt es im Körper immer einen Punkt, der sich relativ am wohlsten fühlt. Mit jedem Einatmen breitet sich dieses Wohlempfinden von diesem Punkt immer mehr aus.
d) Der Schmerz wird in eine Farbe oder einen Ton umgewandelt, und dann wird die Farbe oder der Ton verändert.
e) Eingebettete Suggestionen „Du fühlst Dich wohler und wohler".
f) Der Patient erinnert sich, daß er einmal Eisstücke im Mund hatte. Diese Eisstücke kühlen immer mehr, und der Mund wird zunehmend unterkühlt und ganz taub.
g) Der Patient kann sich auf einen Schmerz oder eine Empfindung an einem anderen Körperteil konzentrieren.

Wenn ich diese Ziele nun in die Löwen-Geschichte einbauen möchte und dies im Rahmen des Selbsthypnosetrainings stattfinden würde, dann könnte sich dies so anhören:

*und in diesem Wald, da ist es immer windig … da ist dieses permanente Geräusch in diesem Wald … und der Löwe hört dieses Geräusch und hört es nicht … im Hintergrund ist dieses permanente Rauschen … schon so vertraut für den Löwen … er hört das Rauschen und hört es nicht … es ist wie eine Musik … in diesem Wald ist es immer windig … und dieses Wasserloch … mit unglaublich frischem Wasser … **sehr kühles Wasser, manchmal beinahe zu kühl, um zu trinken, beinahe zu kühl, um im Mund zu behalten** [f)], und da es in diesem Wald immer windet, ist das Wasser immer in Wellen … und nie spiegelt sich was in diesem Wasser … und eines Tages geht der Löwe auf die Jagd …*

und von Minute zu Minute kommt er mehr und mehr ins Jagen ... er wird immer konzentrierter, immer absorbierter, immer fokussierter ... und nur noch sein Ziel ... er weiß, was er erreichen will ... er hört den Wind und hört ihn nicht ... er riecht den Wald und riecht ihn nicht ... immer konzentrierter, immer absorbierter .... traumhaft sicher ... ***er spürt den Körper und spürt ihn nicht, immer konzentrierter ... alles geht mehr und mehr automatisch, traumhaft sicher, sein Körper völlig automatisch, die Atmung, der Pulsschlag, alles völlig automatisch, unmerklich ist er im Geiste an einem ganzen anderen Ort, er ist bereits weit voraus, er spürt seinen Körper und spürt ihn nicht, er ist an einem wunderschönen Ort, an seinem Lieblingsort, er sieht diesen Ort, er hört diesen Ort, er riecht diesen Ort und spürt diesen speziellen Platz, er ist an seinem Platz an seinem Ort*** *[a)]*

aber irgendwann ... irgendwann kommen sie zurück ... sie kommen zurück ... sie kommen zurück, seine Bedürfnisse ... er hat Durst ... er hat wirklich Durst ... schrecklich Durst ... das lange Jagen, die Hitze in der Wüste ... die trockene Luft ... Durst ... und ist weit weg von seinem Wasserloch ... er kann natürlich zurücklaufen an sein Wasser ... er hat genügend Reserven ... aber er hat jetzt Durst ... ***und er hat diese lebendige Erinnerung an dieses eiskalte Wasser, beinahe gefroren mit kleinen Eisstücken und diese Eiseskälte im Mund, und er schiebt diese Eisstücke im Mund, damit sie nicht zu lange an einer Stelle liegen, und doch wird der Mund immer kälter und immer gefühlloser, immer kühler und kühler, wie vereist,*** *[f)] und er da ist dieser kleine See ganz in der Nähe, tiefblau, Windstille, spiegelglatt ... und dahin gehen ... aber kaum hat er den Kopf über dem Wasser, da ist der andere Löwe, und er schreckt zurück ... er zieht sich zurück, er legt sich in Schatten unter diesen Baum und wartet ... irgendwann geht der andere weg, der da ist, und dann kann ich ans Wasser, ich* *muß nur warten … aber einige Minuten später, Kopf über dem Wasser, da ist der andere wieder … und er beginnt sich zu ärgern, über sich … weil er so unbesonnen in diese Situation gerät … natürlich … er kann zurücklaufen, er hat genügend Kraft … er kann jederzeit zurück … aber er hat jetzt Durst, er möchte jetzt trinken … jetzt hat er seine Bedürfnisse … und er wird so ärgerlich auf den anderen, daß er den Weg nicht freigibt … und er läuft hin und er brüllt und er donnert und er grollt … und er reißt das Maul auf, so weit es ein Löwe nur aufreißen kann … aber der andere Löwe reißt das Maul genausoweit auf … offensichtlich genausoweit … offensichtlich … das vierte Mal, wie er es wieder versucht, schaut ihn ein … hilfloser, ängstlicher Löwe an … er legt sich wieder in den Schatten und weiß nicht was tun … irgendwie kommt ihm die Situation seltsam vertraut vor … und dann wundert er sich, er hat völlig unerwartet … wunderschöne Bilder, und und er vergißt alles um sich herum, er verläßt seinen Körper und er ist in diesen wunderschönen Bildern … er ist an seinem schönsten Ort … es ist, als ob er Kraft tankt an diesem Ort … er ist so lebendig an diesem Ort … er fühlt sich so sicher und wohl und ruhig ,daß Sicherheit und Ruhe gar keine Rolle spielen, so selbstverständlich so eigenständig ruhig und sicher … und schließlich wieder den See sehen, spiegelglatt, tiefblau und Windstille und zu diesem See gehen … und der Löwe hört eine Stimme wie von außen:*

„Löwe hin und Löwe her" seine eigene Stimme, Löwe hin und Löwe her … er steckt den Kopf in das Wasser, das Wasser wirft Wellen … ***er schlürft dieses kühle Wasser und das kühle Wasser erinnert ihn an noch kühleres Wasser, an diese kleinen Eisstücke und beschließt, sich dieses Gefühl zu merken, diese Eisstücke, die kühlen und kühlen bis nichts mehr zu spüren ist*** *… [f)] und er atmet dabei …* ***erleichtert und hat das Gefühl, daß mit jedem Ausatmen alle unnötige Anspannung aus dem Körper***

abfließt und mit jedem Ausatmen und er erspürt auch diesen Punkt im Körper, der sich relativ am wohlsten fühlt, und mit jedem Einatmen breitet sich dieser Punkt mehr und mehr aus *[c)] ... und das erfrischende Wasser unterstützt dabei ...* ***mit jedem Ausatmen fließt jegliche unnötige Anspannung ab und mit jedem Einatmen breitet sich dieses Wohlempfinden aus ... das Wohlempfinden breitet sich, mit jedem Einatmen, Schritt für Schritt breitet sich das Wohlempfinden aus,*** *[c)] angenehm, mehr und mehr angenehm, und dieses Wohlempfinden erinnert ihn an dieses wunderbare Wohlempfinden damals in dieser speziellen Situation, er fühlt sich so wohl und so geborgen und mehr und mehr ist er in dieser Situation, er vergißt Zeit und Raum und ist an diesem anderen Ort, er sieht diesen Ort, er hört diesen Ort, er fühlt diesen Ort, er riecht und schmeckt diesen Ort, so lebendig, an diesem speziellen Ort, [a)] und in Gedanken an diesem Ort macht er sich auf den Heimweg ... und er fühlt sich so sicher und so geborgen, daß die Sicherheit und Geborgenheit gar keine Rolle spielt, er hat die volle Kraft, die volle Erfahrung des erwachsenen Löwen und die unbekümmerte Sicherheit aus der Situation von damals ... und zu Hause auf seinem Platz an seinem Wasserloch hat er diese innere Ruhe ... und erinnert sich an diese Kakteen, die er unterwegs sah und er erinnert sich an die längst vergangene Zeit als er sich damals an einer Kaktee verletzte und er soviel lernte in dieser Situation ...* ***er lernte dieses unangenehme Gefühl einfach auszuschalten ... er sieht die Nervenbahnen wie aus der Innenschau, die Farbe der Nervenbahnen und irgendwo sitzt dieser Schalter ... und er schaltet einfach um und einfach ab, einfach abschalten*** *... [b)] er hat damals auch dieses unangenehme Gefühl* ***in eine Farbe übertragen und diese Farbe einfach verändert, diese spezielle Farbe für angenehmes Wohlempfinden, und er sieht diese spezielle Farbe für angenehmes Wohlempfinden ...*** *[d)] er erinnert sich, daß er noch andere Möglichkeiten hatte, von diesem unangenehmen*

Gefühl wegzukommen ... ***er biß sich leicht in die Pfote, so daß es gerade ein wenig schmerzte, und er kann sich gut erinnern, dieses beinahe angenehme Schmerzgefühl in seiner Pfote, so vertraut, und alles andere verschwindet im Hintergrund ...*** *[g)] und mit jedem Einatmen noch sicherer und noch wohler und mit jedem Ausatmen können Dinge noch mehr im Hintergrund verschwinden ... und was immer von diesen Dingen hilfreich ist, können sie sich merken ... sich einprägen, so daß diese im richtigen Moment wie von alleine auftauchen können ... und wäre es nicht eine Überraschung, wenn die eine oder andere Möglichkeit wie von alleine auftauchen würde ... ganz überraschend ohne eigenes bewußtes Zutun, ganz von alleine, eine Überraschung für die Mitarbeiter von BBC ... diese Leserbriefe oder besser Hörerbriefe ...*

Zusätzliches Einbauen von Blutungskontrolle

Wenn ich nun während der Behandlung an irgendeiner Stelle Blutungskontrolle einsetzen wollte, dann könnte sich das so anhören:

Der Löwe sieht diese scharfe Kante und diese dornige Hecke und er erinnert sich an jenes Geschehnis an seinem rechten Bein. Er konnte es regelrecht fühlen in der Erinnerung, sein rechtes Bein. Und sein Körper macht alles wie von alleine. Er läuft in seinem Rhythmus, völlig automatisch. Und diese dornige Hecke und nach einiger Zeit erst, erst eine gute Zeit nach dieser Hecke. Er spürt dieses warme Gefühl am Bein und er hört eine Stimme laut und energisch, es ist seine eigene Stimme: Hör auf zu bluten, hör auf zu bluten und er wundert sich, es hört auf zu bluten. Und später träumte er, und es war ihm, als höre er wieder diese Stimme: An Deinen blutzuführenden Gefäßen ist ein großes Rad und Du nimmst dieses Rad in beide Hände und drehst langsam nach rechts zu und es hört auf zu bluten, hört auf zu bluten.

Selbsthypnosetraining bei Kritikempfindlichkeit: Auch der längste Weg beginnt mit dem ersten Schritt

Eine Klientin berichtet, daß sie schnell beleidigt und bei Kritik oft eingeschnappt ist. Auch Feedback kann sie schlecht akzeptieren. Als ich frage, was sie erreicht hätte, wenn sie an diesem Punkt weitergekommen sei oder wie sie die Zielerreichung diesbezüglich definieren würde, gab sie zur Antwort: „Ich interessiere mich für die Meinung und das Feedback anderer, und ich kann es gut annehmen."

Das Selbsthypnosetraining soll als Grundlage dienen, auf der die Klientin dann später mehr innere Sicherheit und ein stabileres Selbstwertgefühl entwickelt. Von der Familientherapeutin Virginia Satir erinnere ich mich einmal einen Satz gehört zu haben: „Die Wurzel aller Beziehungsprobleme ist das gestörte Selbstwertgefühl." Zielorientiert gesprochen: „Alles, was ich zur Stabilisierung des Selbstwertgefühles tun kann, verringert also Beziehungsprobleme."

Im folgenden versuche ich Formulierungen der Klientin bei der Problem- und Zieldefinition in die Löwen-Geschichte mit einzubauen. Zu Beginn der Löwengeschichte taucht ihre Formulierung „eingeschnappt" auf, und am Schluß wird die Formulierung „Ich kann es gut annehmen" etwas verändert und suggestiv benutzt. Die Hoffnung ist dabei, daß die Formulierung bewußt wie unbewußt „Ohrwurmcharakter" bekommt und sich der Klientin einprägt.

Wie immer ist dieses Selbsthypnosetraining ein Beginn und eine Vorbereitung weiterer Behandlungsschritte. Aber wie sagen zwei chinesische Sprichworte: „Auch der längste Weg beginnt mit dem ersten Schritt" und „Es sind die kleinen Punkte, die die große Linie machen."

und dieser Löwe wohnt im Wald … und auch da weiß das bewußte Denken, Löwen wohnen nicht im Wald … es ist eine Märchengeschichte … in diesem Märchen wohnt der Löwe im Wald … ***und man weiß nicht mehr genau, ob der Löwe eigentlich noch weiß … warum er in diesem Wald wohnt … seit damals … war er über etwas eingeschnappt?*** *und wie wirkt diese Geschichte auf Kinder … und wie wirkt diese Geschichte auf Erwachsene … und wie wirkt diese Geschichte auf das Kind im Erwachsenen … und vielleicht doch einfach nur eine schöne Geschichte hören …*

mit vielen vielen Schichten … und der Löwe in diesem Wald, da ist es immer windig … da ist dieses permanente Geräusch in diesem Wald … und der Löwe hört dieses Geräusch und hört es nicht …

und plötzlich konnte er vorausschauen auf den Punkt, von dem aus er zurückschaut … angenehm … er sieht sich an dem Punkt, an den er wirklich hinwill … er ist am Ziel … wirklich am Ziel … so real an dem Punkt, wo er wirklich hin will … und er ist überrascht nach dem Aufwachen … daß ihm viel viel wichtiger ist tief drin … daß er genau weiß, daß er tief drin diesen Traum hat … es ist ihm viel wichtiger, daß er weiß, daß er es weiß … tief drin … als daß er inhaltlich weiß, daß er, was er weiß … und das ist überraschend für ihn, normalerweise möchte er immer genau wissen, was er weiß … und jetzt ist es ihm plötzlich viel viel wichtiger, daß er es weiß … und er ist sich sicher, er wird sich erinnern … im richtigen Moment … wie von alleine … und er erinnert sich doch etwas … an diesen einen Satz … nur an diesen einen Satz … überraschend … er weiß es nicht mehr genau … überraschend, dieser eine Satz … etwas gut annehmen … oder war es „sich gut annehmen“ und immer wieder immer … etwas gut annehmen … sich gut annehmen … überraschend, sich gut annehmen können … und er hört immer wieder diesen Satz … sich gut annehmen … sich gut annehmen können … überraschend … eine Überraschung …

Selbsthypnosetraining für Stotterer

In der Stottertherapie orientiere ich mich am verhaltenstherapeutischen Ansatz von Charles Van Riper (Van Riper 1992). Dieser Ansatz heißt auch Nicht-Vermeidungs-Ansatz. Eines der zentralen Momente in dieser Therapie ist das Nichtvermeiden des Stotterns. Um diese neue Haltung des Nichtvermeidens zu erlernen, müssen Stotterer auch unangenehme Aufgaben durchführen. Diese bestehen hauptsächlich darin, in besonders gefürchteten Situationen zu stottern. Ein Beispiel: Ein Stotterer nennt als besonders gefürchtete Situation das Telefonieren. Er hat Angst, daß andere schnell wieder auflegen, bevor er seinen Namen nennen kann. Dies passierte früher auch ab und an, weil er zu Beginn des Sprechaktes merkwürdige Atemgeräusche von sich gab. Er lernte, entspannt und absichtlich diese Atemgeräusche zu produzieren und damit bei Telefonaten in der Therapiesitzung und als Hausaufgabe andere absichtlich zum Auflegen zu bewegen. Dies diente als Voraussetzung, um auch in Streßsituationen „cool" genug zu sein, um neues Sprechverhalten anwenden zu können.

Man kann sich vorstellen, daß solche Aufgaben gefürchtet sind. Ein erwachsener Stotterer, der ein Leben lang mit seinem Stotterhandicap gehadert hat, braucht unterstützende Vorbereitung, bevor er sich an solche Aufgaben heranwagt.

Ähnliches gilt für die Arbeit vor der Videokamera, um das eigene Stottermuster zu analysieren. Schon Normalsprecher fühlen sich manchmal sehr befremdet, wenn sie sich das erste Mal auf dem Tonband hören oder auf einem Video sehen. Das gilt um so mehr für Stotterer. Von Kollegen wurden schon dramatische Reaktionen geschildert („Hat mir eine volle Bierflasche auf den Bildschirm geschleudert"). In meiner ersten Stottergruppe hat ein junger Mann seinen Anblick auf dem Fernseher nicht ausgehalten und die Therapie abgebrochen, um eine Schönheitsoperation durchführen zu lassen.

Aus heutiger Sicht habe ich diesen Klienten viel zuwenig auf diese schmerzhafte Begegnung mit sich selbst vorbereitet.

Selbsthypnosetraining bietet eine gute Möglichkeit, Klienten sowohl auf die Situation vor dem Fernseher als auch für nachfolgende problematische Hausaufgaben vorzubereiten. Die Kernaussage der ursprünglichen Löwen-Geschichte mit dem Zurückschrecken vor dem eigenen Spiegelbild und dem Überwinden der Angst eignet sich zur Vorbereitung dieser Therapieschritte geradezu ideal.

Seit ich meine Klienten über Selbsthypnosetraining und Ankündigen dieser Therapieschritte schon im Erstgespräch besser vorbereite, hatte ich die letzten Jahre keine dieser dramatischen Reaktionen mehr beobachtet.

Ich kann an dieser Stelle den Stottertherapieansatz von Van Riper und Möglichkeiten, Hypnose damit zu kombinieren, natürlich nicht umfassend darstellen.

Aber nehmen wir einmal an, für einen Stotterklienten ergeben sich folgende Zielstellungen, und das Selbsthypnosetraining soll dazu vorbereitend als Grundlage dienen:

a) Tiefenentspannung, um generell ruhiger und entspannter zu werden.
b) Der Stotterer soll sich weniger über das Hören des eigenen Sprechens und mehr über das unbewußte Fühlen der Sprechmotorik steuern lernen.
c) Er soll einen Blick für die eigenen Stärken bekommen.
d) Er soll für die Arbeit mit Videoaufnahmen vorbereitet werden.
e) Er soll für Hausaufgaben mit absichtlichem Stottern vorbereitet werden.

Wie bereits gesagt ist die Löwen-Geschichte als solche mit dem mehrmaligen Zurückschrecken vor dem eigenen Spiegelbild und dem nachfolgenden „Löwe hin und Löwe her", den Kopf ins Wasser tauchen und entspannend loslassen, bereits eine hervorragende Metapher für die therapeutischen Ziele a) und d).

Das therapeutische Ziel c) „einen Blick für die eigenen Stärken gewinnen", läßt sich mit der Passage über das Jagen der Schmetterlinge kombinieren. Die Variante mit der Angst vor den Käfern eignet sich gut, um Klienten im Sinne des Zieles e) auf bevorstehendes absichtliches Stottern vorzubereiten.

und da ist dieser kleine See ... tiefblau, Windstille, spiegelglatt ... aber kaum hat er den Kopf über dem Wasser, da ist der andere Löwe, und er schreckt zurück ... er zieht sich zurück, er legt sich im Schatten unter diesen Baum und wartet ... irgendwann geht der andere weg, der da ist, und dann kann ich ans Wasser, ich muß nur warten ... aber einige Minuten später, Kopf über dem Wasser, da ist der andere wieder ... und er beginnt sich zu ärgern, über sich ... weil er so unbesonnen in diese Situation gerät ... natürlich ... er kann zurücklaufen, er hat genügend Kraft ... er kann jederzeit zurück ... aber er hat jetzt Durst, er möchte jetzt trinken ... jetzt hat er seine Bedürfnisse ... und er wird so ärgerlich auf den anderen, daß er den Weg nicht freigibt ... und er möchte ihn verjagen, er möchte nichts mit ihm zu tun haben und er beschließt, den anderen anzubrüllen, und er läuft hin und will brüllen ... doch er ist wie gelähmt, er versucht zu brüllen, er versucht zu brüllen und ist wie blockiert, völlig blockiert, und nur ein jämmerliches Geräusch dringt aus seinem Hals ... und er zieht sich zurück und versucht es wieder und hat schon Angst, daß es wieder passieren könnte, dieses jämmerliche Geräusch, und er ist wieder wie blokkiert ... ganz verzweifelt und hilflos ... er legt sich wieder in den Schatten und weiß nicht was tun ... irgendwie kommt ihm die Situation seltsam vertraut vor ... er hat das Gefühl, er kann nicht vor, er kann nicht zurück ... obwohl er eigentlich weiß, er kann zurück an sein Wasser ... eigentlich kann er auch an dieses frische Wasser ... an diesem spiegelglatten See ... und doch ist er wie gelähmt ... seltsam vertraut ... und er schließt die Augen und weiß nicht was tun ... er ist hilflos ... und dann wundert er sich, er hat völlig unerwartet ... wunderschöne Bilder ... und sein Kopf sagt, eigentlich paßt das gar nicht in die Situation ... irgendwo ... tief in seinem Inneren ... wunderschöne Bilder ... von ganz ganz ganz früher ... er jagt Schmetterlinge ... er hat nie einen gefangen von diesen Schmetterlingen, aber das spielt überhaupt keine Rolle ... er hat einfach die Ruhe weg ... er kann warten ... er läßt sich Zeit ... er beobachtet ... er sieht die Schmetterlinge ... und er schleicht sich an ... Millimeter um Millimeter ... Stunde um Stunde ... immer wieder dasselbe ... er schleicht sich an und er ist sich jedesmal sicher, diesmal klappt es ... und er springt und der Schmetterling fliegt weg ... Stunde um Stunde ... zehnmal ... zwanzigmal ... vierzigmal ... Tag für Tag ... das ist wie eine Zeit, da gibt es überhaupt keine Fehler ... er weiß noch nicht genau, wieviel er weiß ... und spürt ganz bewußt jede Bewegung, jede Bewegung, die er später einmal völlig automatisch beherrschen wird ... hat plötzlich die Idee ... die Bewegungen des Mundes, die Bewegungen der Zunge, die Atmung wie in Zeitlupe ganz bewußt durchzuführen, um sich zu erinnern, diesen Ablauf zu spüren, um wieder ganz kontrolliert brüllen zu können, sich äußern können ... jede Bewegung des Mundes und der Zunge, und es gibt so viele Möglichkeiten sich zu äußern b)und er erinnert sich an viele Dinge, die er gelernt hat, und es war so ähnlich wie ein erwachsener Mensch sich erinnern kann, an viele Dinge, die gelernt wurden ... man weiß so vieles und weiß nicht bewußt, daß man es weiß ... längst vergessen, wie schwierig das Lernen des Alphabets ... das kleine b und das kleine d ... und wo hat das kleine b den Strich und wo hat das kleine b den Bauch ... und wo hat das kleine d den Bauch und wo den Strich ... und ist das kleine p ein umgefallenes kleines d oder ein umgefallenes kleines b, irgendwie versucht man, es sich zu merken und ist manchmal hilflos und verzweifelt ... immer wieder die diesselben Fehler und man konzentriert sich bewußt auf das richtige Schreiben und schon ist wieder dieser Fehler und diese Fehler, und hat das kleine m jetzt wieder zwei Füße oder doch drei Füße ... und man will es richtig machen und der Lehrer ist ungeduldig und die Eltern, und doch unmerklich tief im Unbewußten bilden sich Bilder von diesen Buchstaben, und wenige Wochen und wenige Tage später geht alles wie automatisch ... nie mehr muß man bewußt daran denken ... wie von alleine weiß man, wie man das kleine m und das kleine d schreiben muß es geht wie von alleine, und kann es nicht Spaß machen, sich zu erinnern und mal wieder ganz bewußt das kleine m und das kleine b zu schreiben, und der Löwe wundert sich und erinnert sich wieviel, wie immens viel er gelernt hat in all den Jahren ... so viele Din-

ge längst selbstverständlich, vieles geht wie von alleine, und er möchte sich ganz bewußt erinnern, wie ist dieser Ablauf im Brüllen, wie bewegt sich die Zunge, wie die Atmung und wie die Lippen und Erinnern wie in Zeitlupe ... und dieses Wissen später wieder mehr und mehr automatisch ... [b) und c)]

und lernt soviel in dieser Situation ... Stunde um Stunde schleicht er an ... sieht nur sein Ziel ... sein ganzer Körper ist konzentriert ... seine Augen ... Millimeter um Millimeter ... eine entspannte Spannung ... eine konzentrierte entspannende Spannung ... Stunde um Stunde ... und wie er die Augen öffnet und sich bewegt, dann sieht er den See ... den See sehen ... spiegelglatt, tiefblau, Windstille ... und er steht auf und er schlendert in Richtung von diesem See ... das ist eine besondere Art von diesem kraftvollem Schlendern ... ***er spürt jede Bewegung bewußt, jede Bewegung der Atmung, jede Bewegung der Schulter und jede Bewegung in seinem Mund, und doch geht alles mehr und mehr automatisch,*** *er bewegt sich geschmeidig ... er hat die volle Kraft vom erwachsenen Löwen, die richtige Haltung ... in den Schultern, in den Hüften, im Nacken ... er hat die volle Kraft und Erfahrung vom großen erwachsenen Löwen ... und gleichzeitig ist es, wie wenn eine Idee ... eine Idee von dem kleinen Löwen in ihm wäre ... er läuft irgendwie anders ... er schlendert irgendwie anders ... und kurz vor diesem See ... hört er eine Stimme wie von außen ... Löwe hin und Löwe her ... seine eigene Stimme* ***und er wundert sich, die Lippen bewegen sich wie automatisch mit, die Atmung, die Zunge, der Kehlkopf, alles geht wie automatisch,*** *er erschrickt beinahe vor seiner eigenen Stimme ... Löwe hin und Löwe her ... er steckt den Kopf in das Wasser, das Wasser wirft Wellen ... er schlürft dieses kühle Wasser und er atmet dabei ... erleichtert ... und das Wasser ist so erfrischend ... genießen ...* ***und die Lippen und die Zunge ... genüßlich ... und mehr mehr automatisch ...*** *und er trinkt in seinem Rhythmus ... genußvoll ...*

und alles um ihn herum spielt keine Rolle ... er wird immer ruhiger und immer ruhiger ... und je ruhiger er wird, desto ruhiger wird das Wasser ... er kann manchmal den anderen Löwe sehen ... manchmal verzieht er so sein Gesicht zu einer Fratze, der andere ... machmal lächelt er im raschen Wechsel ... und er hört nur immer Löwe hin und Löwe her ... und er legt sich noch mal in den Schatten ... und das kühle Wasser erfrischt den Körper ... die lange Jagd ... und es ist angenehm ... eine Mischung aus Müdigkeit und Erfrischung ... eine wohlverdiente Müdigkeit ... und er möchte nochmal diese Erinnerungen holen von den Schmetterlingen ***und den vielen Dingen, die er in den zurückliegenden Jahren gelernt hat, unendlich viele Kleinigkeiten ... und er spürt die Ruhe und den Stolz*** *[c)] und er sieht wieder diese bunten Schmetterlinge ... und er jagt diese Schmetterlinge, und es wird ihm mehr und mehr klar ... was er lernen kann aus dieser Zeit ... er kann lernen, auf perfekte Art Fehler zu machen ... und es wird ihm mehr und mehr klar, was es heißt, auf perfekte Art Fehler zu machen ... auf perfekte Art Fehler zu machen heißt für ihn, Fehler spielen überhaupt keine Rolle ... er lernt,* ***sich auf das Positive zu konzentrieren, auf die vielen Dinge, die er gelernt hat*** *[c)] er kann warten ... er läßt sich einfach Zeit, er hat Geduld, wie damals als kleiner Löwe ...* ***Zeit spielt überhaupt keine Rolle ... er hat Geduld ... selbstverständliche Geduld*** *...*

und dann erinnert er sich an eine zweite Sache von damals ... das ist im nachhinein eine banale Erinnerung ... im nachhinein ... da gab es damals diesen Stein, den großen Stein ... den wollte er immer umdrehen ... er war aber immer zu schwer für ihn als kleiner Löwe ... von Woche zu Woche wurde er stärker als kleiner Löwe ... und irgendwann rollt der Stein weg ... und da packt ihn das Entsetzen ... damals ... heute kann er darüber lächeln, denn objektiv war es banal ... aber für den Kleinen war es zuviel, damals ... diese Käfer und diese Würmer unter diesem Stein ... er schämt sich als erwachsener Löwe, wie man sich als Löwe so erschrecken kann ... irgendwo kann er es verstehen, für den Kleinen war es zuviel ... für den Großen ist es ***eigentlich kein Problem*** *... und doch, wenn er in sich reinfühlt und ehrlich ist ... er spürt diese Angst immer noch und er wird neugierig ... er bekommt das merkwürdige Bedürfnis für den Heimweg ... sich so einen Stein zu suchen ... er wird regelrecht unruhig bei dem Gedanken ... einen Stein zu suchen und den Stein noch einmal absichtlich wegzuwälzen ... und die Würmer kriechen zu lassen und die Käfer krabbeln ... und er schämt sich beinahe ... weil er spürt, er wird immer noch Angst haben, selbst als großer Löwe ...* ***er spürt diese Angst und dieses Entsetzen ... und hört den jämmerlichen Laut, der aus seiner Kehle dringt.. die Hilflosigkeit*** *und er hat das Bedürfnis, das einmal zu tun, vielleicht zweimal, vielleicht fünfmal ... und dieses Gefühl, es absichtlich auszuhalten ... er schämt sich, für den Kleinen damals zu viel* ***und noch heute diese Hilflosigkeit in den Knochen, und er sieht sich wie von außen, wie er auf dem Heimweg Steine umdreht ... und er hat die alte Angst in den Knochen, und er ist beschämt darüber und ärgert sich ... doch ... je mehr Steine er umdreht, desto fröhlicher wird er ... er kann es wie von außen beobachten, er sieht sich, Steine umdrehen, Dutzende, und er sieht wie er immer fröhlicher wird ... die Körper bewegt federnd ... und er sieht von außen, wie er stolz den Kopf in die Luft hält und ein mächtiges Brüllen, Donnern und Grollen ... und er hat den Wunsch das selbst zu erfahren und er geht in dieses Bild rein, was er wie von außen sieht und ist plötzlich in diesem Bild ... er fühlt immer noch einen Teil der Hilflosigkeit und den Rest der Angst in seinen Knochen und spürt wie mit jedem ungedrehten Stein diese Fröhlichkeit, der federnde Gang, zunehmende Unbeschwertheit, die Atmung entspannter und dann diese stolze Kopfhaltung und das Spüren dieses mäch-***

tigen Schreis, das Spüren des Donnerns und Grollens … die Lippen, die Atmung, die Schultern, die Zunge … und alles geht mehr und mehr automatisch … *[e)] und neugierig auf seinen Heimweg … und dieses Bedürfnis, die Steine noch einmal umzudrehen …*

er beobachtet alles viel viel genauer … in aller Ruhe … in aller Gelassenheit … und irgendwann … kommt er auf seinen Platz, an sein Wasserloch, in seinem Wald … und er hört den Wind und dieses permanente Rauschen … und er legt sich auf seinen Platz … und er hat das Gefühl, daß es sehr viel interessante Dinge waren an diesem Tag … und er hat das Gefühl, daß er es verdient hat, einfach nur da zu sein … und er hört den Wind und das permanente Rauschen wie eine Musik … und er hört die Vögel ganz anders … er riecht den Wald ganz anders … und er ist mehr und mehr einfach nur da … er ist einfach nur da … vielleicht im Moment ohne Wünsche … ohne Interessen und ohne Bedürfnisse … und er hat sogar das Gefühl, seit er die Entscheidung getroffen hat … ***Steine absichtlich umzudrehen*** *[e)] kann er mehr und mehr einfach nur da sein … er hat die Kontrolle … jederzeit … er kann einfach nur da sein … auf die eigene Art und Weise … immer mehr in sich ruhen … jeder Gedanke ist in Ordnung … jede Bewegung ist in Ordnung … kann einfach nur da sein … und aus dieser Ruhe heraus stellt er sich vor, wie er geschmeidig wieder aktiv wird … auf seine Art und Weise … auf eine geschmeidige Art wieder aktiv werden …* ***und er wird immer ruhiger und immer entspannter … immer ruhiger und immer entspannter … und er beschließt, sich diesen Zustand zu merken … völlig ruhig und völlig entspannt … diesen Zustand speichern … und im richtigen Moment sich erinnern … ruhig und entspannt … völlig automatisch …***

Nehmen wir an, eine 48 Jahre alte Frau, die unter Einschlafproblemen leidet, kommt in Therapie. Sie möchte wieder schlafen können, weil der viel zu kurze Schlaf sie auf die Dauer auslaugt und entnervt. Nach dem Tod ihrer Mutter hat sie früh in ihrer Familie Mitverantwortung übernehmen müssen. Sie heiratete früh und bekam drei Kinder. Obwohl sie im Leben offensichtlich viel geleistet hat, fällt auf, daß sie sich ständig abwertet. Das Selbstwertgefühl ist eher gering.

Ihr Therapieziel ist besseres Einschlafen, und der Therapeut deutet schon im Erstgespräch an, daß eine allmähliche Änderung des negativen Selbstbildes hin zu einer positiveren, wertschätzenden Sichtweise auf dem Hintergrund ihres langen Engagements für andere eigentlich verdient wäre.

Der Klientin wird Selbsthypnose-Training angeboten, um erst einmal eine Grundlage zu schaffen, sich dem Therapieziel zu nähern. Zum einen hat der mit der Selbsthypnose einhergehende Tiefenentspannungseffekt auch eine stabilisierende Wirkung auf das Gesamtempfinden, auch wenn die Schlaflosigkeit noch nicht behoben ist.

Ich plane dabei, der Klientin nach der ersten Selbsthypnose-Sitzung eine Hausaufgabe zu geben, die ich gewöhnlich wie folgt definiere:

„Die Einschlafphase ist nach vielen wissenschaftlichen Erkenntnissen dem Zustand in der Hypnose sehr ähnlich. Man hat viele Ideen, und oft fällt einem ein, was man an dem Tag alles vergessen hat: Die Kellertür abzuschließen, den Brief in der Jackentasche usw. Daher läßt sich die Einschlafphase sehr gut therapeutisch nutzen. Als Vorbereitung einer Hypnosesitzung zum besseren Einschlafen in der nächsten oder übernächsten Stunde schlage ich deshalb die folgende Hausaufgabe vor. Diese Aufgabe ist also nicht die eigentliche Therapie, sondern die Vorbereitung. So wie ein Bauer im Frühjahr erst einmal pflügt, eggt und düngt und dann erst die Saat ausbringt, so schlage ich ihnen diese Hausaufgabe vor.

In der Einschlafphase gehen Sie den zurückliegenden Tag akribisch genau durch, und zwar rückwärts – vom Moment des Ins-Bett-Gehens bis zum morgendlichen Aufstehen. Möglichst detailliert und genau. Und dabei achten Sie ganz besonders auf alles, was

Sie in irgendeiner Weise gut gemacht haben. Auch die kleinsten Banalitäten. Also, Sie beginnen damit, sich anzuerkennen, daß Sie noch einmal aufgestanden sind, um den Fernseher vom Stand-by-Betrieb ganz abzuschalten. Dann erinnern Sie sich vielleicht an das sorgfältige Säubern der Zähne mit Zahnseide. Sie waren dazu eigentlich zu müde, aber Ihr Zahnarzt hat es Ihnen dringend geraten. Dann haben Sie das Geschirr doch noch in die Spülmaschine eingeräumt. Zuvor haben Sie z. B. versucht, Ihre Mutter anzurufen. Diese war zwar nicht zu Hause, aber auch die gute Absicht zählt usw. Gerade diese Dinge, die man mit bester Absicht versucht hat, die aber nicht funktionierten, sind besonders wichtig. Sie sollten das so detailliert und lückenlos wie möglich machen und dabei am Zeitast entlang rückwärts gehen. Dies dient als Grundlage und Vorbereitung für die spätere Hypnosesitzung."

Meine Erfahrung mit dieser Aufgabe ist, daß Klienten sie meist nicht lange durchführen können, sondern darüber einschlafen. Zum einen ist es eine anstrengende Aufgabe, da man nicht gewohnt ist, akribisch am Zeitast rückwärts gehend den Tag zu rekapitulieren. Die Aufgabe wirkt von daher auch musterunterbrechend für den Ablauf, mit dem bisher die Schlaflosigkeit produziert wurde. Zudem scheint die Konzentration auf das Positive und die damit verbundene Selbstanerkennung eine gute Grundlage für das Einschlafen zu bilden. Es gibt ein deutsches Sprichwort, das daran erinnert: Ein gutes Gewissen ist ein sanftes Ruhekissen. Ich definiere jedoch diese Aufgabe nur als Vorbereitungsaufgabe, um nicht zu riskieren, daß die Klientin wieder in ihr altes Muster kommt, unbedingt einschlafen zu wollen. Manchmal kommen Klienten dann auch schuldbewußt und gestehen, daß sie die Aufgabe leider nicht in der vorgeschriebenen Form durchführen konnten, weil sie darüber eingeschlafen sind.

Die Vorbereitung dieser Aufgabe und das Thema „sich selbst anerkennen" baue ich nun im Rahmen des Selbsthypnosetrainings in die Löwengeschichte ein. Ich beginne damit spät an der Stelle, an der der Löwe wieder zurück im Wald ist und sich auf seinem Platz zur Ruhe legt. Die zentrale Stelle der Löwengeschichte mit „Löwe hin und Löwe her, und er taucht den Kopf ins Wasser" ist ohnehin für Klienten mit Schlafstörungen sehr gut geeignet, sich zu erinnern, wie man einfach losläßt und in Schlaf fallen kann.

in aller Ruhe … in aller Gelassenheit … und irgendwann … kommt er auf seinen Platz, an sein Wasserloch, in seinem Wald … und er hört den Wind und dieses permanente Rauschen … und er legt sich auf seinen Platz … und er hat das Gefühl, daß es sehr viele interessante Dinge waren an diesem Tag … und er hat das Gefühl, daß er es verdient hat, einfach nur da zu sein … ***wirklich wohlverdient … und er erlebt noch einmal den ganzen Tag … wie ein Film … und er erlebt ihn von diesem Moment rückwärts bis zum Morgen … bis zum Beginn des Tages … und es erscheint ihm … als ob dieser Tag sehr wichtig sei … und kann sich so richtig anerkennen für jede Kleinigkeit an diesem Tag … den ganzen Tag wie rückwärts erleben … jeder Grashalm hat eine andere Art von grün … sich anerkennen für diesen neugewonnenen Blick … diese Schmetterlinge … sich anerkennen für diese wiedergewonnene Erinnerung … „Löwe hin und Löwe her" … sich anerkennen für diesen Mut … er erlebt den ganzen Tag rückwärts … diese Jagd … und sein Körper macht alles wie von alleine …*** *und er ist mehr und mehr einfach nur da … er weiß nicht, ob er es Meditation nennen soll … er ist einfach nur da … vielleicht im Moment ohne Wünsche … ohne Interessen und ohne Bedürfnisse … immer mehr in sich ruhen … jeder Gedanke ist in Ordnung … jede Bewegung ist in Ordnung … kann einfach nur da sein … und er hat einen Traum … und er wundert sich …* ***er sieht ein Kristalltier … einen Löwen aus Kristall … und er wundert sich … ein wunderschöner Löwe aus Kristall … eine kleine Figur, aber wunderschön, und er sieht eine Frau … und diese Frau trägt Verantwortung … schon früh Verantwortung … und wenig Lob und wenig Anerkennung … und so sehr oft im Leben … und manchmal Erschöpfung und manchmal Enttäuschung … und schließlich auch etwas Verzweiflung … und Ruhelosigkeit … und diese Frau fragt um Rat … und sie stellt die Frage … was soll ich tun? Wie komme ich zur Ruhe?***

Und sie hört diese Stimme: Sich anerkennen, sich selbst anerkennen ... sich wohlverdient selbst anerkennen ... und diese Frau überlegt ... sich anerkennen ... und schließlich steht sie vor einem Fenster ... viele glänzende Gegenstände ... Uhren, Ringe, Schmuck ... und diese Kristalltiere ... und dieser besonders schöne Löwe aus Kristall ... und sie betritt dieses Geschäft ... in Ruhe und Gelassenheit ... und dieser Löwe aus Kristall ... Symbol für all die Mühe ... all die Anstrengung ... all diese Verantwortung ... und dieser Löwe bekommt einen besonders schönen Platz ... und dies ist eine große Überraschung für den Löwen ... dieser Traum ... *eine große* Überraschung ...

Anmerkung: Selbsthypnose im Ablauf einer Therapie

Die im letzten Abschnitt dargestellten Aspekte beziehen sich auf den Anfang des Selbsthypnosetrainings. Selbsthypnose kann im Laufe einer gesamten Behandlung je nach Behandlungsziel sehr unterschiedlich genutzt werden. Teilweise führen Klienten unter therapeutischer Supervision einen wesentlichen Teil ihrer Therapie zu Hause selbst durch, und manchmal habe ich sogar Klienten mit Hilfe von Literatur therapeutische Strategien selbst erarbeiten lassen. Am häufigsten empfehle ich dabei das Selbsthypnosebuch von Alman und Lambrou (1995). Im späteren Verlauf der Behandlung lasse ich bei Hypnosesitzungen die Klienten sehr oft mittels ihrer erlernten Selbsthypnose die Induktion selbst durchführen. Zu Beginn einer solchen Stunde frage ich nach dem aktuellen Befinden und dem Stand der Dinge, oft lasse ich mir auch noch einmal die Ziele definieren. Dann fordere ich die Klienten auf, mit der Selbsthypnose zu beginnen, und kündige an, daß ich nach einiger Zeit leise sprechend einsteigen werde. Dieses Vorgehen gibt mir die Möglichkeit, mich noch zwei bis drei Minuten innerlich zu sammeln, die Therapieplanung zu reflektieren, die Vorbereitung der Hypnosesitzung zu überdenken und über die gerade erhaltenen Informationen zur aktuellen Situation des Klienten eine Feinabstimmung des Ganzen vorzunehmen. Nach meiner Erfahrung kommt diese kurze

Phase des einstimmenden Vorbereitens der nachfolgenden Hypnosesitzung und der Qualität der Arbeit sehr zugute. Gleichzeitig symbolisiert dies auch, daß der Klient aktiv mitwirkt. Die Löwen-Geschichte verwende ich in der Regel nur in der ersten Sitzung des Selbsthypnosetrainings. Falls ich in einer späteren Sitzung doch die Löwen-Geschichte als „Trägergeschichte" für spezielle Suggestionen verwenden möchte, mache ich dies für die Klienten etwas interessanter, indem ich vorbereitend einflechte:

> *und die Geschichte vom Löwen … bewußte Erinnerungen … und wie wurde die Geschichte damals erzählt … vor einigen Wochen … und wie wird sie heute erzählt … und während das bewußte Denken ein intellektuelles Vergnügen … kann sich das Unbewußte … ganz auf die eigenen Ziele konzentrieren … und wie ändert sich die Geschichte diesmal … ganz speziell für Sie …*

Die meisten Klienten hören die Geschichte jedoch nur einmal. In der rückblickenden Erinnerung an eine ganze Therapie wird die Löwen-Geschichte deshalb in der Regel für die Klienten keine so große Rolle spielen. In den Fortbildungsgruppen für Klinische Hypnose ist die Geschichte viel bekannter und populärer, da ich sie dort ausgiebig als Unterrichtsinstrument einsetze.

8. Schlußbemerkungen

Betrifft: Operationsbesteck für Camping und Freizeit oder: Wie finde ich einen geeigneten Hypnosetherapeuten?

In den 80er Jahren hat Winfried Bornemann in einem Buch Nonsense-Briefe publiziert, die er an verschiedene Firmen, Institutionen und bekannte Persönlichkeiten geschrieben hat. So hat er zum Beispiel der Barmer Ersatzkasse geschrieben, daß er seinen Söhnen einen Kaufladen zu Weihnachten geschenkt habe. Leider würde die Kasse jetzt klemmen, und deshalb bitte er um eine Ersatzkasse. Einen beeindruckenden Brief schrieb Bornemann damals an die Deutsche Gesellschaft für Chirurgie z. Hd. Herrn Prof. Junghanns. Diesen Brief mit dem *Betreff: Operationsbesteck für Camping und Freizeit* möchte ich aus immer wieder gegebenem Anlaß zitieren.

Sehr geehrter Herr Prof Junghanns,
ich bin Hobbychirurg. Wenn andere Heimwerker an der Kreissäge stehen, führe ich für Freunde und Bekannte kleinere Operationen durch. Mal ist es der Blinddarm, mal entferne ich die Gallenblase. Nebenberuflich und preiswert, wie gesagt. Im Rahmen meiner langjährigen Praxis habe ich nun ein Operationsbesteck entwickelt nebst Leitfaden, das interessierten Laien helfen soll, kleinere Operationen im Urlaub und in der Freizeit selbst auszuführen. Das ganze möchte ich nun auf den Markt bringen unter dem Titel: „Operieren-leicht gemacht". Da nun größere Herstellungskosten anfallen, möchte ich in diesem Stadium mal den Fachmann befragen, ob ähnliche Vorhaben nach Ihrer Kenntnis bereits geplant und entwickelt sind? Vielleicht haben Sie auch Interesse an meinem in Arbeit befindlichen Leitfaden „Chirurg in 30 Tagen". Ich höre gerne von Ihnen. Mit besten Grüßen Winfried Bornemann, im Dienste der Gesundheit.

Bevor ich auf diesen Brief zurückkomme, möchte ich ein neues aktuelles Forschungsergebnis zitieren. Kirsch et al. (1996) berichten

über eine neue amerikanische Studie, nach der sowohl psychodynamische wie verhaltenstherapeutische Verfahren in der Psychotherapie wirksam sind. Kombiniert man jedoch diese beiden Verfahren mit Hypnose, so erhöht sich die Wirksamkeit dieser Verfahren noch einmal beträchtlich. Hypnose verstärkt also das, was die jeweiligen Psychotherapeuten einsetzen.
Wie finde ich nun eine geeignete Hypnose-Therapeutin oder einen Hypnose-Therapeuten? Die großen seriösen Hypnose-Gesellschaften führen Listen von Hypnose-Therapeuten. (Die Adressen folgen am Schluß.) Über diese Listen hat man am ehesten eine Chance, die richtige Fachfrau oder den richtigen Fachmann zu finden. Zu beachten ist, daß es auch unter Ärzten und Psychologen, die in Hypnose ausgebildet sind, Spezialisten gibt. Falls Sie Zahnschmerzen haben, dann macht es wenig Sinn, zu einem Hypnose-Therapeuten zu gehen, damit er die Schmerzen „weghypnotisiert". Die Schmerzen signalisieren einen krankhaften Prozeß, der behandelt werden muß. Ein Zahnarzt ohne Hypnose-Kenntnisse ist also einem Hypnose-Spezialisten ohne zahnärztliche Kenntnisse klar vorzuziehen. Wenn Sie allerdings einen Zahnarzt finden, der Hypnose beherrscht, dann ist es um so besser. Ich selbst habe unter anderem in einer Sitzung drei Weisheitszähne ohne Spritze, nur unter Hypnose gezogen bekommen. Vier Stunden später habe ich in meiner Praxis wieder Klienten behandelt und bin abends zur Feier des Tages mit meiner Frau in ein Gourmet-Restaurant gegangen. Ich hatte keinerlei Schwellungen und praktisch keinerlei Nachbeschwerden.

Umgekehrt werde ich einen guten Freund, der massive Beziehungs- und Sexualprobleme hat, nicht zu meinem Zahnarzt schikken. Auch wenn der wirklich gut hypnotisieren kann. Eine solide familien- und sexualtherapeutische Ausbildung ist in einem solchen Fall wichtiger als Hypnose. Auch da gilt jedoch, daß ein ausgebildeter Familien- oder Sexualtherapeut seine Arbeit durch Hypnose wesentlich intensivieren und oft auch beschleunigen kann. Das gilt für viele Symptome und Ziele. Auch ein brillant ausgebildeter Psychologe mit langer Hypnoseerfahrung ist in bezug auf Spezialgebiete wie die Behandlung des Stotterns oft völlig ahnungslos. Die erste Frage sollte also eher in Richtung Erfahrung des Therapeuten bezüglich der speziellen Symptomatik gehen, und dann kann es wichtig und interessant sein, ob er Hypnose beherrscht. Bei einigen Symptomen und Behandlungsbereichen wie Ängsten oder Schmerzen ist Hypnose so wirksam, daß Hypnotherapie zunehmend auch als eigenständiges Verfahren angesehen und definiert wird. Dies gilt vor allem für die Hypnotherapie Milton Ericksons mit all ihren innovativen ressourcen- und lösungsorientierten Interventionsverfahren.

Nicht nur unter den Chirurgen gibt es Heimwerker. Leider nutzen immer mehr kurz oder gar nicht ausgebildete „Heimwerker" die wachsende Reputation moderner Hypnose, um psychotherapeutisch etwas an ihren Mitmenschen zu basteln. „Hypnotisieren" ist nun mal recht einfach. Schwieriger ist das, was man dann macht, wenn jemand in Hypnose ist. Der Heidelberger Zahnarzt Borckmann, Vorstandsmitglied der Deutschen Gesellschaft für Hypnose (DGH), hat dies einmal plastisch in einer gemeinsamen Pressekonferenz mit der Milton Erickson Gesellschaft für Klinische Hypnose (M. E. G.) so dargestellt: „Hypnotisieren lernen ist einfach. Das ist, wie wenn man Sie ins Cockpit eines vollbesetzten Jumbo-Jets setzt, der bereits auf der Startbahn steht. Sie nehmen den Steuerknüppel einfach in die Hand und man zeigt Ihnen, wo Sie Gas geben müssen. Das Flugzeug rollt los und wird immer schneller. Wenn die Startbahn beinahe zu Ende ist, dann ziehen sie einfach leicht den Steuerknüppel zu sich her. Und dann sind Sie in der Luft. Aber – würden Sie mit so jemand auf dem Pilotensitz fliegen wollen?"

Leider erhöht meiner Erfahrung nach Hypnose nicht nur die Wirkungsstärke von bewährten psychotherapeutischen Verfahren, sondern auch die Wirkungsstärke von Fehlern mangels Grundausbildung.

Klienten und Patienten sollten sich von daher sowohl informieren, ob der jeweilige Arzt oder Psychologe gut in Hypnose ausgebildet ist als auch – und das ist genauso wichtig, wenn nicht noch wichtiger – sich in dem speziellen Bereich gut auskennt. Nicht jeder Arzt ist in Psychotherapie ausgebildet, und nicht jeder Psychologe kennt sich mit Tinnitus, Krebs oder Stottern aus.

Bei folgenden Adressen können sowohl Patienten und Klienten Listen von ausgebildeten Hypnosetherapeuten erhalten als auch Kolleginnen und Kollegen, die sich in moderner Hypnotherapie fortbilden wollen, sich Informationen und Ausbildungspläne besorgen:

Adressen:

Milton Erickson Gesellschaft für Klinische Hypnose e.V. (M.E.G.), Konradstr. 16, 80801 München.

Deutsche Gesellschaft für Hypnose (DGH), Druffelsweg 3, 48653 Coesfeld.

Deutsche Gesellschaft für Zahnärztliche Hypnose (DGZH) e.V., Esslinger Straße 40, 70182 Stuttgart.

Deutsche Gesellschaft für ärztliche Hypnose und autogenes Training (DGÄHAT), Postfach 5028, 32457 Porta-Westfalica

Milton Erickson Gesellschaft Österreich (MEGA), Waldmeistergasse 43, A-1140 Wien.

Schweizerische Ärztegesellschaft für Hypnose (SMSH), Apollostrasse 8, CH-8032 Zürich.

Gesellschaft für klinische Hypnose Schweiz (GHypS), Apollostrasse 8, CH-8032 Zürich.

Einige Literaturhinweise zum Weiterlesen und Weiterstudieren

Selbsthypnose

Alman, Brian u. Peter T. Lambrou (1996): Selbsthypnose. Das Handbuch zur Selbstbehandlung. 2. Aufl. Heidelberg (Carl-Auer-Systeme).

• Hervorragendes Selbsthypnosebuch. Zuerst werden neun verschiedene Selbstinduktionstechniken dargestellt, und dann kommen viele Kapitel zu Themen wie: Schmerzkontrolle, Allergien, Angstabbau, Mentales Training, Hautprobleme etc. Eignet sich auch für Hypnotherapeuten, die Anregungen für spezifische Hypnosesitzungen suchen.

Zeyer, Reinhold u. Dirk Revenstorf (1996): Hypnose Lernen. Leistungssteigerung und Streßbewältigung durch Selbsthypnose. Heidelberg (Carl-Auer-Systeme).

• Kleines Buch, das gleichzeitig grundlegende Informationen zum Thema Hypnose und Selbsthypnose gibt.

Einführende Literatur in die lösungsorientierte Hypno- und Psychotherapie von Milton H. Erickson

Erickson, Milton H. u. Jeff K. Zeig (Hrsg.) (1985): Meine Stimme begleitet Sie überallhin. Ein Lehrseminar mit Milton H. Erickson. Klett-Cotta (Stuttgart).

• Es handelt sich um das Transkript eines 5-tägigen Lehrseminares von Milton H. Erickson von 1979. Viele faszinierende Anekdoten und Fallgeschichten kennzeichnen das gut zu lesende Buch. Es ist eine Illustration von Ericksons Kunst, Geschichten zu erzählen.

Erickson, Milton H. u. Ernest l. Rossi (1981): Hypnotherapie. Aufbau-Beispiele-Forschungen. München (Pfeiffer).

• Wichtigstes Hypnotherapiebuch aus Ericksonscher Sicht. Es ist eher ein Buch zum Studieren für Fortgeschrittene und solche, die es werden wollen. Leseempfehlung: im Inhaltsverzeichnis nach interessanten Kapiteln und Überschriften suchen, anstatt von vorne nach hinten zu lesen.

Gilligan, Stephen (1991): Therapeutische Trance. Das Prinzip Kooperation in der Ericksonschen Hypnotherapie. Heidelberg (Carl-Auer-Systeme).

• Das wohl innovativste und beste Buch aus dem Kreis der jüngeren Erickson-Schüler enthält ein brilliantes Kapitel über Konfusionstechniken. Es verbindet systemische mit hypnotherapeutischen Sichtweisen und zeigt den Unterschied zwischen traditionellen Hypnoseverfahren und Ericksonschen Verfahren auf – deswegen der Untertitel: „Das Prinzip der Kooperation in der Hypnotherapie".

Haley, Jay (1978): Die Psychotherapie Milton H. Ericksons. München (Pfeiffer).

• Das Buch, mit dem das große Interesse an der Arbeit Milton H. Ericksons begann, enthält sehr viele Fallschilderungen von Erickson und Analysen dazu von Jay Haley. Es geht mehr um psychotherapeutische Strategien als um Hypnose im engeren Sinne. Dieses Buch ist sehr gut zu lesen. Es ist sozusagen urlaubsgeeignet.

Zeig, Jeffrey (1995): Die Weisheit des Unbewußten. Hypnotherapeutische Lektionen bei Milton H. Erickson. Heidelberg (Carl-Auer-Systeme).

• In diesem facettenreichen Buch erfährt man sehr viel über den Menschen und Therapeuten Erickson. Faszinierend die Transkripte des „Einzelunterrichtes", die Erickson seinem Schüler Jeff Zeig gab. Man erfährt, daß Erickson nicht nur ein außergewöhnlicher Therapeut, sondern auch ein ungewöhnlich arbeitender Lehrer und Supervisor war.

Einführungsbücher zum Thema „Was ist Hypnose und Hypnosetherapie?"

Bongartz, Walter u. Barbara Bongartz (1988): Hypnose. Wie sie wirkt und wem sie hilft. Zürich (Kreuz).

• Gute Einführung zum Thema „Was ist Hypnose?". Verständlich geschrieben und auch gut dafür geeignet, Klienten Information und Orientierung zu geben.

Kossak, H.-Ch. (1993): Lehrbuch Hypnose. 2. ,überarb. und erw. Aufl. Weinheim (Psychologie-Verl.-Union).

• Das umfassende Lehrbuch (833 S.) für Profis und die es werden wollen. Behandelt auf gründliche und übersichtliche Weise so ziemlich sämtliche Fragen und Themen, die mit Hypnose zusammenhängen.

Scholz, Wolf-Ulrich (1994): Hypnose und Hypnotherapie. Mannheim (PAL-Verlag)

• Taschenbuch, das kompakt und prägnant den aktuellen Wissensstand zum Thema ,Hypnose und Hypnotherapie darstellt.

Hypnotherapie für Kinder und Jugendliche

Mills, Joyce C. u. Richard J. Crowley (1995): Therapeutische Metaphern für Kinder und das Kind in uns. Heidelberg (Carl-Auer-Systeme).

• Vielen gute Geschichten für die therapeutische Arbeit mit Kindern. Interessant auch die Arbeit mit krebskranken Kindern, die in diesem Buch beschrieben ist.

Mrochen, Siegfried, Karl-Ludwig Holtz, Bernhard Trenkle (Hrsg) (1997): Die Pupille des Bettnässers. Hypnotherapeutische Arbeit mit Kindern und Jugendlichen. 3. Aufl. Heidelberg (Carl-Auer-Systeme).

• Von Stottern bis Bettnässen zeigt dieses Buch vielfältige Facetten hypnotherapeutischer Arbeit mit Kindern und Jugendlichen. Es enthält viele Anregungen für den kindertherapeutischen Praktiker.

Bücher mit therapeutischen Geschichten

Klippstein, Hildegard (Hrsg.) (1994): Das Vergessen vergessen. Hypnotherapeutische Gruppeninduktion nach Milton H. Erickson. Heidelberg (Carl-Auer-Systeme).

• Fundgrube an Ideen für alle, die mit Gruppentrancen, Phantasiereisen usw. arbeiten. Die führenden internationalen und deutschsprachigen Hypnotherapeuten sind vertreten, aber auch

Familientherapeutinnen wie Virginia Satir. Hier findet man die Lieblingsbilder und -geschichten anderer Kollegen.

Lankton, Steve u. Carol Lankton (1992): Geschichten mit Zauberkraft. München (Pfeiffer).

• Viele Geschichten nach therapeutischen Zielen geordnet und dazu Beispiele für das Verschachteln von Geschichten wie es auch im vorliegenden Buch beschrieben ist.

Peseschkian, Nossrat (1995): Der Kaufmann und der Papagei. Frankfurt (Fischer Taschenbuch).

• Sehr gute Sammlung orientalischer Märchen und Kurzgeschichten und ihrer Anwendung in der Psychotherapie.

Gute Geschichten finden sich auch in den Büchern von Idries Shah. Für therapeutische Zwecke besonders geeignet: *Die fabelhaften Heldentaten des vollendeten Narren und Meisters Mullah Narudin* oder auch Das Zauberkloster jeweils erschienen im Herder-Verlag.

Wichtige Grundlagenliteratur für die Fachfrau und den Fachmann

Rossi, Ernest L. (1995–1998): Gesammelte Schriften von Milton H. Erickson, Bd. I–VI. Heidelberg (Carl-Auer-Systeme).

• 1981 fragte ich Stephen Gilligan, was er mir als wichtige Lektüre empfehlen würde, und er sagte: „Das Original. Studiere das, was Erickson selbst geschrieben hat." Es hat 15 Jahre gedauert, bis die 2600 Seiten an wissenschaftlichen Original-Artikeln jetzt im Carl-Auer-Systeme Verlag in sechs Bänden endlich auch auf Deutsch erscheinen. Hier findet man im O-Ton, womit Erickson sowohl das Gesicht der Hypnose als auch der Psychotherapie verändert hat. [Original: E. Rossi (ed.) (1980): The Collected Papers of Milton H. Erickson. New York (Irvington)].

Die Zeitschrift *„Hypnose und Kognition"* erscheint seit 1984 zweimal jährlich immer unter einem bestimmten Thema: „Hypnose und Krebs"; „Hypnose und Familientherapie"; „Hypnose und Verhaltenstherapie"; „Das Unbewußte"; „Kinderhypnose"; „Schmerzkontrolle" etc. Dort findet sich der jeweilige Stand der Kunst, dargestellt von den international maßgebenden Fachleuten. Infos und Abonnements über: M.E.G., Konradstr. 16, 80801 München, Tel. (089) 33 62 55.

Literatur

Alman, B.u. P. Lambrou (1995): Selbsthypnose. Heidelberg (Carl-Auer-Systeme).

Bornemann, W. (1982): Bornemanns Briefmacken. Bd. 1. Hannover (Fackelträger).

Erickson, M.H. (1966): The interspersal hypnotic technique for symptom correction and pain control. *Amer. J. Clin. Hypnosis* 3: 198–208.

Erickson, M.H., E.L. Rossi u. S.L. Rossi (1978): Hypnose. Induktion – Psychotherapeutische Anwendung – Beispiele. München (Pfeiffer).

Erickson, M.H. (1995): Die Konfusionstechnik in der Hypnose: In: E.L. Rossi (Hrsg.): Gesammelte Schriften – Vom Wesen der Hypnose, Bd. 1. Heidelberg (Carl-Auer-Systeme).

Erickson, M.H. (im Druck): Die Einstreu-Technik der Hypnose zur Symptomkorrektur und Schmerzkontrolle. In: E.L. Rossi (Hrsg.): Gesammelte Schriften von Milton H. Erickson. Band V: Innovative Hypnotherapie I. Heidelberg (Carl-Auer-Systeme).

Feldmann, J. (1988): Subliminale Wahrnehmung und Informationsverarbeitungstheorie. *Hypnose und Kognition* 5 (2): 74–86.

Gilligan, S. (1991): Therapeutische Trance. Das Prinzip Kooperation in der Ericksonschen Hypnotherapie. Heidelberg (Carl-Auer-Systeme).

Grawe, K., R. Donati u. F. Bernauer (1995): Psychotherapie im Wandel. Von der Konfession zur Profession. Göttingen (Hogrefe).

Gundermann, H. (Hrsg.) (1987): Aktuelle Probleme der Stimmtherapie. Stuttgart (Gustav Fischer).

Hassan, S. (1994): Ausbruch aus dem Bann der Sekten. Reinbek (Rowohlt).

Heitger, B., C. Schmitz u. P.-W. Gester (Hrsg.) (1995): Managerie. Systemisches Denken und Handeln im Management. 3. Jahrbuch. Heidelberg (Carl-Auer-Systeme).

Hollender, D. (1986): Semantic activation without conscious identification in dichotic listning, parafoveal vision, and visual masking: A survey and appraisal. *The Behavioral and Brain Sciences* 9 (1).

Hoppe, F. (1985): Direkte und indirekte Suggestionen in der hypnotischen Beeinflussung chronischer Schmerzen: Empirische Untersuchungen. In: B. Peter (Hrsg.): Hypnose und Hypnotherapie nach M. Erickson. München (Pfeiffer).

Hoppe, F. u. E. Winderl (1986). Hypnotische Schmerzlinderung: Erklärungsansätze, Vorgehensweisen und Befunde. *Hypnose und Kognition* 3 (1): 9–26.

Hypnose und Kognition: Hypnose und das Unbewußte. 6 (1), 1989.

Kirsch, I. (1996): Hypnosis in Psychotherapy: Efficacy and mechanisms. *Contemporary Hypnosis* 13 (2): 109–114.

Krumbach, G. (1987): Psychologische Auffällligkeiten bei hyperfunktionellen Dysphonien. In: H. Gundermann (Hrsg.): Aktuelle Probleme der Stimmtherapie. Stuttgart (Gustav Fischer).

Lankton, S.R. u. C.H. Lankton (1983): The answer within. A clinical framework of Ericksonian hypnotherapy. New York (Brunner/Mazel).

Lankton, S.R. u. C.H. Lankton (1989): Tales of enchantment. Goal-oriented metaphors for adults and children in therapy. New York (Brunner/Mazel).

Loriedo, C. (1989): Hypnosis in family therapy (Demonstration mit einer Rollenspiel-Familie) Video VT 90, ca. 59 min. [zu bezeihen über: video-cooperative-ruhr (VCR), Kielstr. 10, 44145 Dortmund].

Loriedo, C. (1995): Using hypnosis in family therapy. Video, VT 321, engl., ca. 66 min.

Mann, Th. (1986): Mario und der Zauberer. In: Die Erzählungen, S. 793–853. Frankfurt/M. (Fischer).

Mrochen, S., K.L. Holtz u. B. Trenkle (Hrsg.) (1993): Die Pupille des Bettnässers. Heidelberg (Carl-Auer-Systeme).

Peter, B. (Hrsg.) (1985): Hypnose und Hypnotherapie nach Milton H. Erickson. München (Pfeiffer).

Revenstorf, D.u. R. Zeyer (1997): Hypnose lernen. Heidelberg (Carl-Auer-Systeme).

Schmierer, A. (1995): Beim Zahnarzt ohne Streß. Entspannte Zahnbehandlung. CD. [zu beziehen über: Hypnos-Verlag Stuttgart, Esslingerstr. 40, Tel./Fax: (0711) 2360618].

Schneider, P. (1995): Die Arbeit im Konfliktmanagment und die Utilisierung des Kontextes. In: B. Heitger, C. Schmitz u. P.-W. Gester, (Hrsg.): Managerie. Systemisches Denken und Handeln im Management. 3. Jahrbuch. Heidelberg (Carl-Auer-Systeme).

Scholz, W.-U. (1994): Hypnose und Hypnotherapie. Was sie auszeichnet, wie sie wirkt und wem sie hilft. Mannheim (PAL Verlag)

Shah, Idries (1978): A perfumed scorpion. London (Octagon Press).

Trenkle, B. (1994): Der Utilisationsansatz in der Ericksonschen Rehabilitationsarbeit mit Gelähmten. *Hypnose und Kognition* „Jerusalemer Vorträge“, 11 (1/2).

Trenkle, B. (1993): Ericksonsche Hypno- und Psychotherapie bei Bettnässen. In: S. Mrochen, K.L. Holtz u. B. Trenkle (Hrsg.): Die Pupille des Bettnässers. Heidelberg (Carl-Auer-Systeme).

Trenkle, B. (1987): Hypnose und Psychotherapie nach Milton H. Erickson bei der Behandlung einer Stimmstörung: Eine Fallstudie. In: H. Gundermann (Hrsg.): Aktuelle Probleme der Stimmtherapie. Stuttgart (Gustav Fischer).

Van Riper, C. (1992): Therapie des Stotterns. Köln (Bundesvereinigung Stotterer-Selbsthilfe e.V.).

Yapko, M.D. (1994): Suggestion of abuse. True and false memories of childhood sexual trauma. New York (Simon & Schuster).

Zeig, J. (1988): Therapeutische Muster der Ericksonschen Kommunikation der Beeinflussung. *Hypnose und Kognition* 5 (2): 5–18.

Zeig, J. (1992): Meine Stimme begleitet sie überallhin. Ein Lehrseminar mit Milton Erickson. Stuttgart (Klett-Cotta).

Auflösung 1 von Seite 122:

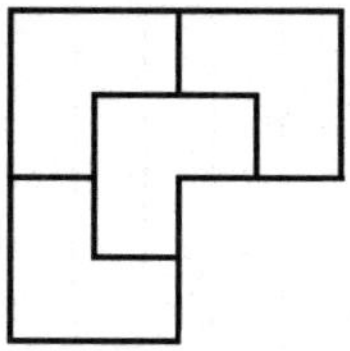

Auflösung 2 von Seite 122: